O PODER DO REIKI

Moacir Sader

O PODER DO REIKI

Editora
Pensamento
SÃO PAULO

Texto de acordo com as novas regras de ortografia da língua portuguesa.

1ª edição 2012.

Coordenação editorial: Denise de C. Rocha Delela e Roseli de S. Ferraz
Preparação de originais: Lucimara R. de Carvalho
Revisão: Yociko Oikawa
Diagramação: Maravilha Design

Dados Internacionais de Catalogação na Publicação (CIP)
(Câmara Brasileira do Livro, SP, Brasil)

Sader, Moacir
O poder do Reiki / Moacir Sader. -- São Paulo: Pensamento, 2012.

ISBN 978-85-315-1798-3

1. Medicina alternativa 2. Reiki (Sistema de cura) 3. Saúde - Promoção 4. Sistemas terapêuticos I. Título.

12-05975 CDD-615.852

Índices para catálogo sistemático:
1. Reiki : Sistema de cura : Terapias alternativas 615.852

Direitos reservados
adquiridos com exclusividade pela
EDITORA PENSAMENTO-CULTRIX LTDA.
Rua Dr. Mário Vicente, 368 – 04270-000 – São Paulo, SP
Tel. (11) 2066-9000 – Fax (11) 2066-9008
e-mail: atendimento@editorapensamento.com.br
www.editorapensamento.com.br
Foi feito o depósito legal.

Sumário

Assim como o animal caminha para
se transformar em ser humano,
o homem caminha para se tornar anjo.

Chico Xavier

Dedico este livro a todos os meus alunos.
São suas experiências, amorosamente compartilhadas, que permitem ao leitor conhecer toda a beleza e profundidade do Reiki.

Oração para a cura

Peço a Deus,
que envie as suas energias de cura,
para todos aqueles que dela necessitem;
para todos nós
que estamos vivendo no planeta Terra,
assim como para aqueles
que habitam outros planetas
e outras dimensões.
Que todos os seres sejam envolvidos
pela **energia de cor violeta**,
energia divina da transmutação,
que transforma as doenças em saúde
para seus corpos físicos, mentais,
emocionais e espirituais.
Que todos os seres sejam envolvidos
pela **energia de cor branca**,
energia divina da vitalização,
que gera, em todos, a vontade de viver,

de cumprir as missões
reservadas a cada um,
com vigor, determinação e alegria.
Que todos sejam envolvidos pela **luz dourada**,
energia divina da proteção,
criando, ao redor de todos,
uma camada magnética
que serve de barreira para males
do campo físico ou espiritual.
Que todos os seres sejam envolvidos
pela **energia de cor rosa**,
energia divina do amor incondicional,
para que todos aprendam
e pratiquem esse amor singular,
se libertando
de doenças e sofrimentos,
pois, esses só existem por não se vivenciar
o verdadeiro amor ensinado por Jesus.
Amém!

Essa oração nasceu durante as minhas práticas com o Reiki.

Prefácio

Este livro nasceu de meus estudos e práticas, inclusive como mestre de Reiki, e de centenas de sintonizações realizadas nos diversos níveis e mestrados Usui e Karuna dos cursos que ministro.

Embora eu me refira a alguns métodos de utilização do Reiki, o foco deste livro é essencialmente prático. Ele mostra as experiências vividas pelos meus alunos durante as iniciações e a prática do Reiki, cujos frutos são inúmeros e especialíssimos, quer nas aplicações presenciais, quer no envio a distância da energia reikiana.

Ao se tornar reikiana, a pessoa passa a intervir positivamente em sua vida e na vida das pessoas queridas, além de ajudar muitas outras. O reikiano deixa, de fato, de ser uma folha levada pelo vento e passa a ter comando sobre sua vida, curando traumas passados e atuando positivamente no presente e em situações futuras.

Embora tenha me tornado reikiano e realizado os mestrados visando apenas ao aprofundamento nos conhecimentos espiritualistas, senti que precisava compartilhar minha experiência e ensinar o que aprendi. Percebi que muitas pessoas poderiam ser beneficiadas; o Reiki seria importantíssimo em suas vidas. Assim, pude testemunhar, em meus cursos, as belas experiências vividas pelos alunos, para quem o Reiki tem sido tão útil e maravilhoso como tem sido para mim.

Há algum tempo, o planeta passa por expurgos, os quais têm se acentuado com os extremos efeitos climáticos. As consequências são graves, e lamentavelmente esses expurgos tendem a piorar. As pessoas também estão passando por processos internos de modificação, tudo para que o planeta alcance um novo padrão energético.

É urgente que as pessoas se preocupem com a sua espiritualidade latente. O desenvolvimento espiritual leva à melhoria interior, à elevação energética e à prática do amor incondicional. O Reiki propicia esse desenvolvimento, pois gera a elevação energética interior e possibilita que o praticante ajude a todos que precisam por meio da doação da energia do Reiki.

É importante destacar que o Reiki não tem vínculo com nenhuma religião, é uma terapia alternativa validada pela Organização Mundial da Saúde (OMS), tanto assim que existem reikianos que professam as mais diversas religiões. No entanto, é inegável a influência que o Reiki exerce sobre as pessoas, intensificando a mais profunda espiritualidade.

Neste tempo, em que a humanidade está sendo preparada para a elevação espiritual, é preciso buscar os aspectos superiores existentes em cada um, além da interação com o Criador Supremo. Essa interação acontece perfeitamente com o Reiki, pois a energia divina (Rei) passa a ser captada pelo chakra Coronário, fundindo-se à energia pessoal (Ki). Das mãos dos reikianos, flui, então, a energia Reiki, integrando energia Divina (Rei) e energia pessoal (Ki).

Com o processo de sintonização e a prática do Reiki, a energia se eleva dos chakras inferiores e passa a vibrar nos chakras superiores; isso auxilia muito o processo de elevação da energia individual e o progresso espiritual, possibilitando, inclusive, que o reikiano atinja a iluminação. Os efeitos são progressivos, levam o praticante a ver a vida e os valores de uma maneira espiritual diferente e o levam a se ligar, ao mesmo tempo, à sua divindade pessoal e à divindade do Criador.

Espero que o querido leitor possa perceber o quanto o Reiki é maravilhoso e o quanto é grande o poder existente nele, tanto divino, quanto pessoal. Tudo isso será evidenciado nas diversas experiências de sintonização e de utilização da energia do Reiki e nos conhecimentos que amorosamente compartilho neste livro.

Luz e Amor, hoje e sempre!

Abraços fraternos,
Moacir Sader

1. A sintonização do Reiki

A sintonização do Reiki é um momento mágico que marca indelevelmente os iniciados.

Sobre a iniciação

Ainda que para se tornar reikiano o interessado tenha de participar de cursos, estudar a teoria e aprender como praticar o Reiki, optei por iniciar este livro falando sobre o processo de iniciação, porque acredito que só no momento da iniciação o aluno se torna efetivamente reikiano.

Para se tornar reikiano, diferente do que acontece com outras terapias alternativas, é necessário que a pessoa seja sintonizada, ou seja, passe pelo rito de iniciação realizado por um mestre de Reiki devidamente qualificado.

O processo de iniciação é um verdadeiro marco de mutação, pois deixa para trás o ser terreno que existia até então e faz nascer um novo ser, com poderes espirituais para se religar à energia divina.

Ainda que seja um momento especial, algumas pessoas têm receio das sintonizações e deixam, inclusive, de se tornar reikianas exatamente pela necessidade de passarem por esse rito de iniciação.

O medo de ser sintonizado não tem fundamento. Todos nós já passamos ou iremos passar por várias iniciações em nossa vida, como o batismo, o vestibular, a formatura, o casamento. Isso se falarmos do Ocidente. No Oriente as iniciações são ainda mais frequentes.

As pessoas muitas vezes têm medo do que é novo. É um medo natural. O Reiki aumenta o campo energético, amplia o limite humano, expande a consciência, daí o medo natural por não se saber aonde isso tudo pode levar. Certamente, bem longe. O Reiki propicia um importante caminho espiritual; afinal, em essência, somos espíritos passando por experiências corpóreas temporárias; precisamos dar vazão à nossa espiritualidade latente e ir além dos dogmas religiosos.

Coexistente ao medo que paralisa diante do novo, há o desafio existencial, que leva a pessoa a querer saber cada vez mais e a descortinar os novos e surpreendentes caminhos que o Reiki coloca em suas mãos, como se verá ao longo deste livro.

Cada iniciação é um momento que toca a alma, marcando-a para sempre. O Reiki é mágico, ainda que tudo seja natural, pois, ao ser sintonizada, a pessoa volta a ter, como o homem de longínquo passado, os chakras desbloqueados para lidar com a energia cósmica, recebê-la e retransmiti-la, interligando-se com tudo o que existe.

Em todas as sintonizações de Reiki acontece algo importante para o iniciado, ainda que ele não perceba, seja pelos sentidos normais ou por meio de experiências extrassensoriais. Alguns não conseguem evitar que a mente consciente fique ativa durante todo o processo de iniciação. Outros até esperam viver certos acontecimentos extraordinários. Contudo, não há regras, e para alguns pode parecer que nada aconteceu. É porque nem sempre se percebe que o Reiki não age apenas no corpo físico, mas também, e até mais intensamente, nos corpos sutis.

Às vezes ocorrem sonhos antes da sintonização, nos quais ela se inicia no plano astral, antes da data prevista para a sua realização na dimensão terrena. Assim, o futuro reikiano pode sentir efeitos da sintonização antes mesmo que ela ocorra no plano físico.

Nas sintonizações, é muito comum o estado alterado de consciência. Alguns falam de um relaxamento que não imaginavam ser possível. Há quem, durante a sintonização, veja cores, imagens, presenças espirituais; receba mensagens relacionadas à sua vida pessoal; perceba o corpo como se tivesse um tamanho diferente; sinta intenso calor, especialmente nas mãos; sinta-se levitando; ou faça regressão de memória, viagens astrais e muitas outras situações peculiares.

Há casos de pessoas que não passam por nenhuma experiência extraordinária, pelo menos aparentemente, durante a sintonização, mas que descobrem depois algumas superações em suas vidas. Existem pessoas que viram desaparecer, após a sintonização, algum tipo de medo, como se ele nunca tivesse existido. Isso se explica porque, com a sintonização de Reiki, muitos nódulos energéticos do corpo físico e dos corpos sutis são dissolvidos, libertando o iniciado dos problemas relacionados a esses nódulos.

Em meus cursos de Reiki (Usui e Karuna), tenho comprovado que as sintonizações a distância, tal como acontece com as sintonizações presenciais, são magníficas. Longe da interferência de outras pessoas e em seus próprios ambientes, os alunos acabam por vivenciar experiências até mais interessantes que as ocorridas nas iniciações presenciais, ainda que ambas sejam igualmente eficazes.

Entre tantas experiências que tenho documentado, escolhi algumas, vividas por meus alunos durante sintonizações a distância, para apresentar neste livro.

Experiências de alunos nas sintonizações

Nas sintonizações, o aluno fica sentado por volta de 35 minutos, com os pés no chão e olhos fechados, ouvindo música relaxante, como se meditasse.

Durante esse tempo, o mestre realiza a sintonização do Reiki, que produz a elevação do nível energético do aluno, a dissolução de nódulos energéticos e a abertura ou desbloqueio de chakras. Durante esse processo, o mestre de Reiki coloca nos chakras e nas mãos dos alunos os símbolos sagrados do Reiki, para que a energia do Reiki passe a fluir de suas mãos.

Muitos alunos narram experiências maravilhosas ocorridas durante a sintonização. A seguir, apresento alguns depoimentos de sintonizações a distância, com breves comentários meus.

Visualizando luzes

De repente, comecei a ver uma luz dourada vindo até mim, como uma onda. Isso durou bastante. Depois vi outra luz escura, parecia violeta, que também ia e vinha como uma onda.

***

Durante a sintonização, apesar de estar com os olhos fechados, vi uma luz dourada muito forte. Tentei cerrar os olhos, mas lembrei que eles já estavam fechados.

***

Na hora da sintonização, senti meu coronário abrir como pétalas, ora a luz era branca e azulada, ora dourada.

***

Pelo meu chakra coronário entrava uma luz muito clara. A cor ia e vinha muitas vezes.

***

Em alguns momentos, vi também uma pequena luz clara que aparecia e sumia.

***

Vi uma espécie de chuva leve de pequeninas gotas douradas caindo sobre mim.

***

Em certos momentos, vi esferas violeta, com raios dourados nas extremidades. Também tive a sensação de ver raios dourados fluindo das mãos.

***

No momento que visualizava a luz violeta, uma forte emoção tomou conta de mim e comecei a chorar. Foi um momento especial que me trouxe muita paz.

***

Primeiro vi algo como uma nuvem ou névoa violeta que parecia sair de mim lentamente. Depois, essa mesma nuvem de cor voltava para mim. Em seguida, vi a mesma névoa, agora branca e dourada (clarinha), descendo sobre mim; depois, novamente a névoa violeta. Era como se eu absorvesse tudo isso.

***

Houve duas ocasiões em que senti uma enorme pressão no chakra da terceira visão, fortíssima mesmo. Eu via enormes ondas de luz violeta, azul índigo e dourado misturadas.

***

Visualizei cores que vinham em ondas nos tons verde e amarelo.

Comentário: O Reiki está de fato ligado às cores. Certa vez, em viagem astral, eu pude visualizar, saindo de minhas mãos, a energia do Reiki na cor dourada. As energias do Reiki possuem cores e podem ser vistas no plano astral.

Muitos alunos conseguem ver luzes de várias cores os envolvendo durante a iniciação. As cores estão intensamente relacionadas ao Reiki e são visíveis no astral. Essas diversas cores possuem correlações com os chakras, tal como se aprende no curso de Reiki Usui (nível 1).

Sentindo calor

Senti muito calor, principalmente nos braços, onde pude sentir a energia fluindo com mais força.

***

Senti uma energia muito forte, o que me fez suar muito.

***

Durante a minha sintonização, tive sensações de muito calor, suei bastante. Minhas mãos pareciam estar presas eletricamente e tremiam muito.

***

Senti um calor intenso no tórax.

***

Desde o início da sintonização, minhas mãos estavam muito quentes.

***

Na sintonização, as minhas mãos pareciam queimar de tão quentes.

***

Sinto um calor extraordinariamente forte nas mãos e um enorme vórtice de luz violeta entre o chakra da terceira visão e o chakra coronário. Isso durou algum tempo e me deixou num estado de paz interior enorme.

***

Comecei por sentir um enorme calor que tomou conta do meu corpo; as minhas mãos ardiam.

***

Senti ainda as mãos muito quentes durante longo tempo, e nessa fase, mais uma vez, a comoção se apoderou de mim.

***

Senti calor nas mãos e na região próxima ao chakra cardíaco.

***

Senti meu corpo quente. (Moro no Sul, e estava fazendo muito frio na hora da sintonização.)

Comentário: Durante as sintonizações, o aluno recebe enorme carga energética, daí ser tão comum o calor sentido em todo o corpo e especialmente nas mãos, pois, quase sempre, a energia reikiana começa a fluir das mãos dos alunos sintonizados durante o processo de iniciação.

Sensação atemporal

Quando o relógio despertou (depois dos 35 minutos da sintonização), parecia que tinham se passado apenas uns 3 ou 5 minutos. Muito rápido.

***

Uma hora percebi que a música que eu havia colocado não tocava mais. Pelos cálculos de tempo que eu havia feito, o CD duraria uns 40 minutos. Eu estava convencida de que algo havia feito o CD parar de tocar, porque era impossível terem se passado 35 minutos. Continuei meio relutante, os barulhos externos mais presentes. Quando abri meus olhos, vi que o incenso já havia acabado e olhei no relógio, eram 11h20, ou seja, há muito havia acabado a sintonização, os 35 minutos tinham se passado. Fiquei assustada, meio não acreditando no relógio, e com a nítida sensação de que estivera fora de mim, porque não era possível que houvesse transcorrido mais de 1 hora.

Pensei que os 35 minutos iam custar a passar, e não coloquei despertador nem pedi para me chamarem. Às 11h5, o meu filho abriu a porta para ver se eu estava bem, parecia que poucos minutos haviam se passado. Mas foi muito bom com certeza.

***

O tempo passou muito rápido, não precisei abrir os olhos e no final ouvi uma voz em minha mente dizendo que a sintonização havia chegado ao final.

***

Fiquei mais um tempo com os olhos fechados e a cabeça a mil, pensando se os 35 minutos haviam ou não se passado, depois a porta deu uma forte balançada e entendi que era o momento, olhei no relógio e eram 10h49.

***

Foi uma experiência ímpar, me preparei e coloquei o relógio para despertar em 35 minutos, que passaram num segundo.

***

O tempo passou rápido, quando abri os olhos eram 10h30. Aguardei mais 5 minutos. Levantei meio sonolento e deitei; embora consciente dos ruídos, permaneci, creio, em estado alfa por aproximadamente 30 minutos.

***

O tempo passou tão rápido que me surpreendeu.

***

A sintonização passou muito rapidamente, dando-me a impressão de que o despertador do meu celular estava errado; parecia que o tempo havia sido curto demais, tanto que, tendo constatado que já era hora de terminar, fiquei mais cinco minutos em estado contemplativo, tamanho foi o bem-estar que senti.

Comentário: Sempre oriento os alunos para que façam as sintonizações de Reiki aos domingos, das 10 horas às 10h35.

Diante da experiência extrassensorial vivida por muitos durante as sintonizações, o tempo acaba perdendo a sua importância tridimensional terrena – a sequência lógica entre passado, presente e futuro. Os alunos vivenciam, então, momentos atemporais, acessando um estado semelhante à situação existente nas dimensões superiores.

Presença de amigos espirituais

Fui longe, me vi numa sala com outras pessoas, meditando. Uma das pessoas dava orientação, foi lindo.

***

Enquanto estava com os olhos fechados, senti a presença de várias pessoas ao meu redor, meu chakra frontal tinha um azul lindo.

***

Envolvida por energia de tranquilidade, segurança e amor, pude sentir presenças muito significativas para mim. Em determinado momento, fui tomada por forte emoção, que me levou ao choro profundo.

***

A experiência que tive foi fantástica, senti a presença de Cristo, de Nossa Senhora Aparecida, de Irmã Dulce e das sete cores do Espírito Santo. Senti-me abraçado por eles.

***

Senti a presença de dois seres femininos.

***

Por um momento, vi vultos (não consegui definir silhuetas) que se moviam da esquerda para a direita; parecia que se agachavam como que para não interferir na emanação de luz. Eu via uma névoa de luz sair de mim e afastar-se até o infinito.

***

Senti a movimentação de muitas pessoas, porém não consegui identificá-las, talvez porque o ambiente apresentava-se na cor violeta. Apenas vi rapidamente a imagem do meu irmão e grande amigo, já falecido, sorrindo para mim.

***

Senti uma grande movimentação no quarto onde estava.

***

Meus olhos às vezes queriam abrir e ficavam semicerrados, era nesse momento que apareciam pequenas formas humanas de cor branca.

***

Ele (minha alma gêmea) se fez nitidamente presente, tanto que mal pude perceber as outras presenças. Houve até um momento em que, não sei se por imaginação minha ou se por energia, tive a sensação de que nossos espíritos, nossas energias se fundiram numa só por alguns instantes e pude me sentir como que abraçada por ele.

Comentário: Nas sintonizações, sempre se pode contar com presenças de amigos espirituais iluminados que auxiliam nesses importantes momentos de renascimento espiritual.

É comum também, durante as sintonizações, a presença de entes queridos que não estão mais no plano terreno. Esses seres desencarnados vêm assistir o momento importante de seus parentes, porque sabem que a iniciação de Reiki é um verdadeiro renascimento para outra fase existencial, sedimentado espiritualmente com bases sólidas por se tratar de elevação energética.

Vendo imagens

De repente, comecei a passar por vários lugares; olhando de cima, voava como num sonho, golfinhos e baleias em cardumes nadavam nessa bela paisagem, borboletas multicoloridas nos campos, pássaros de todas as espécies; enfim, foi um momento maravilhoso.

***

Veio-me muito a imagem de Jesus Cristo e da mãe Maria Santíssima quando estava em sintonização.

***

Eu estava sentada junto a uma enorme árvore e me fundia com ela numa luz violeta. Senti-me elevada para o infinito cosmo.

***

Havia gases em cores claras que foram se condensando e transformaram-se num planeta. Minhas mãos agulhavam e pegaram fogo no sentido de calor e energia em movimento. Com o planeta entre as mãos a energia girava e trabalhava, fazendo-o ficar mais nítido, enquanto todos os símbolos e seus mantras passavam em minha mente (Usui e Karuna). Senti o planeta tomando vida; o sentimento era de amor. Lindo de viver.

***

Vi-me numa cachoeira, nadando em suas águas límpidas. Eu estava todo de branco, em volta havia uma enorme e bela diversidade de vegetação. Eu escutava todos os sons maravilhosos da natureza.

***

Num determinado momento, intuí que deveria colocar as mãos em forma de prece e encostá-las na altura dos olhos, foi quando visualizei uma beleza indescritível: a escuridão cheia de pontinhos brilhantes. Então, entendi que estava vendo o espaço, o universo infinito e suas estrelas.

***

Enxerguei a aura de tudo à minha volta. Meu campo energético expandiu-se muito.

***

Vi um rosto que atribuí ao do meu mentor. Vi também um grupo de pessoas. Associei a imagem ao grupo que estava sendo sintonizado. Estávamos num grande campo verde, todos vestidos de branco, sentados em cima dos pés. Ali estava acontecendo a sintonização. O aprendizado era silencioso e intuitivo.

Comentário: São inúmeras as imagens que surgem na mente dos alunos durante as sintonizações. Essas imagens aparecem mesmo quando os alunos estão tentando fixar o pensamento em outras visualizações. Isso ocorre porque, em estado alterado da consciência, o espírito do reikiano voa livre e vê exatamente o que precisa para que ocorram os desbloqueios energéticos típicos do processo de iniciação do Reiki.

Saída do corpo em viagem astral

Vi-me, primeiro, numa praia e, de repente, fui puxada para fora do planeta. Vi-me ao pé de um grande cristal que rodopiava, e havia uma espiral, de 2 cm a 3 cm, acima da minha cabeça. O cristal tinha nuances lilases. De repente, vi três seres esguios de vestes compridas, mas essa imagem foi muito rápida. Novamente, a espiral começou a rodopiar acima da minha cabeça, e o cristal reapareceu. Senti-me puxada para ele e entrei numa cápsula. (Posso facilmente desenhar essa cápsula, porque a experiência foi muito nítida) Perguntei: "O que será isto?" Obtive a seguinte resposta: "Foi aqui que tu foste criada e é para cá que voltarás". Não sei explicar o que senti, mas envolveu-me uma imensa saudade de casa.

***

Na hora da sintonização, senti-me levada para o cosmo e fiquei lá flutuando perto do sol, num sentimento de paz profunda como nunca havia sentido. Depois, visualizei uma estrada cheia de curvas ladeadas por flores muito amarelas, muita luz solar e no final uma pequena cachoeira. Num instante cheguei ao término do caminho e levitei, tornando-me uma partícula de sol que se fundiu com o grande sol. Senti-me como se estivesse sentada no colo do Pai, contemplando toda a Sua criação, o Universo. Nesse momento, me senti dividida em três corpos: um permaneceu no local onde estava meu corpo físico, muito consciente; o outro foi levado para a frente da cachoeira e o outro foi para o espaço, como se subisse, subisse e subisse. Senti-me frente ao sol. A sensação era como se estivesse na cadeira em que me sentara no início da sintonização, mas não via e nem sentia a cadeira. Depois, um lindo manto violeta foi colocado sobre minhas costas e amarrado na frente do pescoço. Ele parecia de veludo, mas não sentia seu peso, pois era etéreo e leve, sentia a sua proteção. O manto foi colocado nos três corpos, sendo o primeiro no corpo físico consciente. Percebi os símbolos do Karuna 2, dentro de uma luz dourada, descendo espiralados sobre meu coronário. Fui conduzida para uma imensa sala branca de um hospital, onde várias camas, paralelas e ocupadas por pacientes, se dispunham num ambiente com muita claridade. Parecia que o sol banhava todo o recinto. Vestida com meu manto violeta, eu passava de cama em cama aplicando os símbolos do Reiki e conversando com os doentes. Não via o semblante de nenhum, mas os via pela energia emanada.

***

Eu tive a visão de estar saindo por um orifício, deixando para trás o planeta Terra por breves segundos.

***

Dou comigo a descer para o interior da Terra, onde estou na presença de um ser angélico que, no meu íntimo, reconheço como o sumo sacerdote. Ele me estendeu a mão e me conduziu até uma clareira. Encontrei-me com vários seres, cujos rostos não consegui ver nitidamente, e sentei-me em círculo com eles.

***

Entrei num túnel escuro, senti medo, tristeza e vontade de chorar, pois era como se todas as minhas fraquezas estivessem ali, mas consegui conter o medo, a tristeza e o choro e segui adiante. Vi uma menina pequena chorando, pois seu joelho estava machucado, então a coloquei no colo, pus a mão sobre o joelho machucado e, assim que retirei a mão, o joelho estava curado. Coloquei-a de volta no chão e continuei andando, mas ela me chamou e disse: "Mãe, me espera". Fiquei assustada, não estava acreditando, mas quando a peguei no colo novamente senti que realmente era minha, fazia parte de mim, fiquei muito emocionada e segui com ela nos braços até chegar num lugar de repouso, onde nos sentamos juntas. Uma luz intensa começou a sair de nós duas e subir. A luz foi ficando cada vez mais intensa, até que nos tornamos uma só luz que subiu até onde não pude mais enxergar. Foi uma emoção muito forte. Depois, pessoas vieram atrás dessa luz e chegaram até o local onde eu estava fazendo a sintonização. Então, despertei.

***

Senti-me voando por cima de árvores, telhados, mares. O mais incrível é que eu não conseguia parar. Eu cheguei a ficar tonto de tanto voar. Em outra cena, encontrava-me dentro de uma pequena capela, em frente a um altar, sentindo uma sintonia tão forte e tão perfeita (acho que porque sou padre), num estado de oração tão grande, que tive a sensação de que minhas mãos podiam preencher todo o espaço da capela. Destaco um fato interessante, senti e vi que milhares de outras mãos estavam presentes na capela e delas irradiava tanta luz que me cegava.

Comentário: Em profundo relaxamento, o espírito se sente livre e voa, enquanto o corpo físico permanece sendo sintonizado. Entre as inúmeras experiências, tem acontecido também a viagem astral do aluno durante a sintonização. Muitos saem efetivamente do corpo físico em viagem astral e vivenciam belíssimas experiências metafóricas no plano terreno e também em outras dimensões. Essas experiências estão sempre relacionadas às situações que os iniciados precisam vivenciar, a fim de compreender a nova vida que terão após se tornarem reikianos.

Mensagens recebidas

Quando senti as presenças divinas, fui autorizado a curar, libertar, proteger e salvar vidas. No final, eles me aplaudiram e disseram: "Vai, nós te damos todo o poder que você precisa para realizar o teu trabalho com a vida que grita por socorro".

***

Lá em cima, vi por instantes um símbolo e, olhando para trás, vi o nosso planeta. Foram-me mostradas imagens de crianças com fome, de dor, de destruição e de sofrimento. As imagens me causaram mal-estar físico, e senti dores no corpo, náuseas, tontura. Tive a sensação de que todo o meu corpo tremia como se vibrasse.

***

Com vestes brancas, as pessoas vinham até mim para serem curadas. Bastava colocar-lhes as mãos sobre a cabeça ou no peito e elas ficavam bem. As minhas mãos irradiavam uma luz dourada.

Depois, senti uma intensa energia percorrendo o meu corpo e recebi uma mensagem. Uma voz me disse claramente que o propósito dessa experiência era me conferir a possibilidade de ajudar a humanidade, que essa era a minha missão. Perguntaram-me se eu estava disposta a aceitar a tarefa, e eu disse que sim. Depois, com os olhos fechados, vi uma intensa luz violeta.

***

Encontrei-me num campo já escurecendo. Pessoas corriam assustadas para uma mesma direção, e eu caminhava na direção contrária. Eu estava indo enfrentar o que lá houvesse. Ouvia repetidamente estas palavras: "Subam para o mais alto que puderem e esperem!" Muitas pessoas estavam reunidas e assustadas. Vi cinco pessoas, eu era uma delas. Traçávamos um grande Chokurei no ar em volta daquele povo. Era como se o tempo estivesse parado naquele momento. Então, veio do céu, como se fosse um caminho, um túnel, uma saída, uma luz forte e branca, redonda, imensa. Vi alguns dos meus familiares e chorei quando não vi meu pai! Pedi força e tranquilidade e continuei com as mãos levantadas para sustentar aquele Chokurei no ar. Missão cumprida! Não entendo bem o que foi isso, mas senti como se realmente estivesse vivendo aquele momento. Obrigada por existir, Moacir! Ah! Vi você também na multidão junto com uma mulher, uma menina de uns 10 anos mais ou menos e um garoto mais velho. Pareciam estar com você! Estávamos junto a um povo, em outro lugar, numa nova cidade, seguros e felizes. Notei a presença da estrela da Mandala de cristal. Enquanto traçávamos o Chokurei no ar, as cinco pessoas formavam uma estrela de cinco pontas, como se fosse um campo magnético. O Chokurei traçado no ar dava a certeza de que nada de mal poderia acontecer enquanto estivéssemos ali, formando aquele campo magnético.

***

De repente, me transportei para aquela praia das outras sintonizações (a mesma em que vi você, Moacir, e a mesma em que vi o mundo destruído e navios em chamas no horizonte). Dessa vez, era dia e estava nublado. Éramos seis ou sete pessoas de branco, incluindo você. Estávamos conversando. Você estava explicando algo importante, não sei o que era. Então, um fio de água muito limpa, vindo da mata atrás da praia, começou a correr para o mar. Esse fio foi se alargando, e um riacho dividiu o grupo (ficamos eu, você e outra pessoa numa margem, e os outros do outro lado do riacho). A água era muito cristalina e estávamos muito felizes com o que estava acontecendo. Começaram a aparecer peixes de todos os tipos, águas-vivas, ouriços, estrelas-do-mar, todos iam direto para o mar. Nós começamos, então, a enviar energia para protegê-los. Depois, apareceram tubarões, golfinhos, baleias, todos saindo de algum lugar da mata e passando pelo riacho, que ia se alargando; todos seguiam para o mar. Isso não durou muito tempo. Em segundos, estávamos numa linda cachoeira com muito verde ao redor. Você nos disse para tomar banho e ficou nos observando. Então, começaram a cair muitos cristais, mas muitos mesmo, da cachoeira. Você pediu para que recolhêssemos quantos cristais conseguíssemos. Voltamos para a praia e selamos, com os cristais, a passagem pela qual tantos seres marinhos passavam. Dava para vê-los pela transparência do outro lado. Ficamos muito felizes, mas como que esperando a hora de abrir a tal passagem novamente.

***

Comecei a me concentrar na chama violeta e na luz dourada e branca descendo do sol no meu chakra coronário. Eu e um ser de luz caminhávamos vestidos de branco e descalços em direção ao mar. Entramos nele e continuamos andando até que a água estivesse na altura do pescoço. Havia uma escada ali para que subíssemos ao espaço. Essa escada era para nós, pois havia várias outras escadas em que pessoas subiam e desciam. Do espaço, visualizei o nosso planeta, e ficamos enviando Reiki para ele. Tudo isso foi muito rápido. No mesmo instante, retornamos à praia, onde outras pessoas saudavam umas às outras pelo ocorrido.

Comentário: Os iniciados no Reiki têm narrado, durante as experiências nas sintonizações, o recebimento de mensagens. Algumas delas são inconscientes e metafóricas. Porém, muitas são claramente comunicadas e entendidas pelos sintonizados.

Há mensagens que são pessoais, para a vida do reikiano. Outras, como as relatadas acima, exortam a missão especial dos reikianos de curar as pessoas e o planeta. São mensagens regeneradores da vida digna na Terra, que está passando por forte mutação energética.

Por isso, é urgente que mais e mais pessoas se tornem reikianas, para que possam elevar suas energias pessoais e vibrar na nova frequência que está por ser implantada na Terra. Os reikianos podem também ajudar os outros nesse processo de implantação da nova era planetária.

Sentindo sono

Eu dormi o tempo todo. Acordei com o despertador que eu havia deixado ligado bem baixinho. No começo, vi umas pessoas que eu não conheço.

***

Ontem, durante a sintonização dormi um sono profundo! Não me lembro de nada. Quando acordei, já eram quase 11 horas.

***

São simplesmente maravilhosas as sintonizações, é muita paz interior e um sentimento de ter vivido anos em apenas 35 minutos. Tenho a sensação de que muito aconteceu, porém, pouco me lembro.

***

Quanto à minha sintonização, dessa vez aconteceu algo muito atípico. Comecei a me concentrar no sábado. No dia anterior, sonhei com uma criança que parecia ser eu. Essa criança estava sempre correndo para a água (rio, mar e, até, uma poça da chuva). O mais marcante foi o despertar de um sentimento maternal muito forte por ela.

No sábado à noite, coloquei o relógio para despertar às 8 horas, com objetivo de preparar todo o ritual. Então, nessa noite sonhei que estava envolvida por uma luz dourada em que havia seres também dourados. Depois, senti meu corpo em chamas, acordei abruptamente, molhada de suor e, ao olhar para o relógio, vi que eram exatamente 10h35, o horário previsto para o final da sintonização. O relógio não despertou. Eu só acordei depois que a sintonização aconteceu.

Comentário: Alguns alunos dormem um sono profundo durante as sintonizações e acordam, ao final, sem se lembrar de quase nada ou recordando de algo como um sonho especial.

Esses alunos precisaram ficar nesse estado para serem sintonizados e receberem as mensagens diretamente no subconsciente. Vemos nisso a inteligência da energia do Reiki, que proporciona experiências distintas, sempre adequadas às necessidades específicas de cada aluno.

Mesmo dormindo profundamente, os iniciados são sintonizados e se tornam reikianos.

Regressão de memória

Fui levada a uma aldeia onde havia muitas crianças e mulheres. Eu era respeitada pelas mulheres e benquista pelas crianças. Depois, vi a aldeia em chamas e muita tristeza. Eu (a índia da primeira sintonização) estava a cavalo com uma criança nos braços e um menino de uns 5 anos atrás, segurando minha cintura. Aos poucos, os que sobreviveram se juntaram e seguiram, alguns a pé, outros a cavalo, para recomeçar uma nova vida.

Na nova aldeia, vi um índio com o rosto todo pintado sair a cavalo e, parecia-me, prometendo voltar. Senti medo e tristeza. Pude vê-lo, depois, em cima de um penhasco gritando uma palavra, cujos significado e idioma não reconheci. Ele levantou as mãos olhando para o céu e, quando as baixou, vi um escalpo sobre um crânio espetado num galho no chão. Deu para perceber que, enterradas ali, havia pessoas que o índio amava muito. Ele era um guerreiro que saíra em busca de justiça. Agora, de volta, descia para o vale até entrar na nova aldeia. Todos o saudavam e gritavam ao vê-lo passar. Senti-me feliz com sua volta. A sensação foi um misto de dever cumprido e justiça que me trouxe a paz.

***

Ouvia o barulho muito forte de um rio e me via sentada numa grande pedra, observando-o. A água corria clara e com muita força. Eu era uma índia, talvez, mas não como os índios que conhecemos. Depois, com um vento muito forte, eu cavalgava em meio a um vale. Parecia que o vento abria os caminhos para eu passar. Eu me sentia forte e sem medo!

***

Retornei a tempos passados, à época da crucificação de Jesus Cristo. Estava perto de um homem, não sei se era eu. Depois, estava no Egito, na mata, como índia. Depois, estava muito velha, quando voltei, estava toda encolhida. Visitei uma casa em que vi uma sala com uma mesa encostada na parede e um homem sentado no chão em posição de ioga mentalizando. Pensei em você. Era um homem de mais ou menos 1m75 de altura, branco, com cabelos curtos castanho-claros. Usava uma camisa amarela bem clarinha.

Em outro momento, eu estava batendo os pés no chão como se estivesse dançando. Parecia uma dança indígena de cura.

***

Fui a um lugar e vi homens comendo e bebendo. De repente, entrou um homem chamando os que estavam à mesa. Todos se levantaram, pegaram seus pertences e foram para trás de um galpão, onde havia vários cavalos; vi também espadas. Tentei ver o rosto do homem que havia chamado os outros, mas não consegui. Eles saíram cavalgando. Passei algum tempo vendo-os cavalgar. Em outra imagem, vi uma mulher num quarto. Ela estava usando roupas de dormir antigas e tinha longos cabelos negros presos em tranças que iam até o quadril. Ela olhava através de uma janela, pensativa (não consegui ver o rosto). Uma mulher aproximou-se dela, parecia ser uma serviçal, e começou a desfazer-lhe as tranças. Os cabelos eram lindos. Depois, não consegui ver mais nada.

***

Eu acho que me projetei pra dentro da minha alma, porque percebi muitas influências da minha educação no meu modo de agir. As coisas que odeio em mim e que tenho dificuldade para mudar são frutos de influências familiares negativas. Eu percebi muito isso, muito mesmo, ainda mais que eu tinha invocado minhas egrégoras. Aconteceu um imenso paralelo cultural de toda a minha crença. Parece até que fui à outra dimensão.

***

Mais calma, me vi sentada com as pernas cruzadas e as mãos estendidas, para receber. Após algum tempo, senti a forte sensação de levitação. Não havia mais absolutamente nada à minha volta, até mesmo o fundo musical que eu colocara havia desaparecido. Então, me vi atravessando uma ponte pênsil que ligava duas imensas montanhas; a profundidade do abismo era impressionante. O que mais me chamou a atenção foi que, durante a travessia, a ponte estava envolvida por uma neblina intensa (nuvens), e eu estava envolta numa espécie de luz violeta com bordas douradas. Essa travessia durou todo o tempo da sintonização, e a luz não desapareceu. Eu podia sentir o aroma do lugar, a aspereza das cordas da ponte. Podia ouvir o barulho da água, o assovio de aves, sentir a brisa, a umidade, e só despertei porque minha filha abriu a porta e me tocou. Já passava das 11 horas da manhã.

***

Fui jogado para cima de um monte cercado por uma energia que não se mostrava. Uma mão tocou-me o ombro e mostrou-me uma estrada que levava a uma planície. Na planície, havia muitas flores, campos floridos muito perfumados. Tudo era mágico. O lugar onde me encontrava era imenso, havia muitas pedras sobrepostas e um círculo feito de pedras muito grandes. No meio do círculo, estava uma pedra maior, com três cubas de prata, uma espécie de bacia funda. Ouvi uma voz dizer: "aproxima-te", e fui empurrado para perto da pedra maior. Escutei: "veste-te". Percebi que estava nu. Olhei para um lado, para o outro e não via nada com que pudesse me vestir. Então, uma mão vinda da energia me entregou uma espécie de vestido. Fui tomado por uma força tão descomunal que podia erguer qualquer objeto à minha volta. Eu fiquei maluco, queria erguer, tocar, quebrar... não sei. A voz me disse: "contenha-te". Logo, percebi que subia para o morro com algumas pessoas, uma trazia um carneiro, outra trazia uma espada. Uma das pessoas trazia nas mãos outra cuba, dessa vez dourada, creio que de ouro. Novamente, a voz: "vai para o altar", e fui empurrado para a frente do altar. Quando me virei, vi o carneiro à minha frente, a espada suspensa no ar e as três cubas na pedra, também suspensas no ar, à minha volta. A cuba dourada estava posta no altar em cima da pedra. Então, novamente, a voz: "toma e bebe". Uma das cubas veio até mim, havia água nela. Eu bebi. Era uma água diferente, um sabor diferente, incrível. A voz disse, então: "toma a espada e mata o cordeiro". Eu não podia argumentar, não tinha escolha, o que a voz falava tinha de ser feito. A espada veio até minha mão e atingiu o pescoço do carneiro, que se inclinou, oferecendo-se para a execução. Toquei com a ponta da espada a garganta do animal, e ele começou a sangrar, mesmo sem nenhum corte. A voz ordenou: "apara o sangue e rega a terra". Então, vi a cuba dourada em minhas mãos colhendo sangue e ao meu lado, outra cuba com uma terra negra.

Comentário: Alguns alunos fazem regressão de memória a esta vida ou a vidas anteriores durante a sintonização. Isso acontece para que nódulos energéticos do corpo emocional originados naquelas existências possam ser desfeitos, situação vista nos exemplos reproduzidos.

Emoções especiais

A emoção é imensa, chega a levar às lágrimas. É uma sensação plena, de paz, harmonia intensa em estado de luz. Senti-me flutuando, muito leve. Uma grandiosa experiência de conhecimento.

***

Senti uma paz profunda e leveza em todo meu ser.

***

Naquele momento, nada à minha volta tinha importância. A alegria e a paz eram tão grandes que a única vontade era poder tocar naquela luz divina. Foi a melhor sensação que tive.

***

No final, senti uma paz intensa muito gostosa, muito linda.

***

Jamais me senti tão em paz, tão segura e tão feliz.

***

Continuo muito calma e em paz desde a primeira sintonização. Estou muito feliz com o fluir da energia Reiki. Tenho feito a autoaplicação diariamente, experimentando em diversos pontos do corpo conforme vou intuindo, para melhor me familiarizar e me sentir mais segura. É maravilhoso o fluir da energia.

***

Foi a sensação mais bela da minha existência humana e espiritual. Senti algo indescritível. Nem calor, nem frio, nem coisa alguma. Eu senti a plenitude. Aquela chama envolvente tão bela, tão clara, tão gigantesca, fez-me ser diferente. Eu chorei, chorei muito, pois a sensação foi demais. Lágrimas rolavam dos meus olhos. Nunca senti coisa mais louca e maravilhosa na vida.

Comentário: Durante a sintonização e no decorrer de todo o dia, os alunos sentem uma sensação maravilhosa, algo como o êxtase espiritual narrado por muitos místicos. Isso ocorre por causa da elevação energética. A frequência da energia pessoal se desloca dos chakras inferiores para os chakras superiores. Além disso, intensa gama energética atinge os iniciados durante a sintonização. Muitos passam por vivências extrassensoriais que geram maravilhosas sensações.

Ao se tornar reikiano, além da mutação especial que acontece durante a sintonização, o iniciado dá passos largos para o processo de elevação espiritual e para a sua iluminação. Isso acontece de forma gradativa e vai se intensificando com as novas sintonizações nos vários níveis do Reiki e com a prática diária da autoaplicação e do envio da energia do Reiki para as outras pessoas.

Minhas experiências quando fui sintonizado no Reiki

Algumas das experiências que vivi durante as minhas sintonizações foram muito interessantes. Numa delas, encontrei-me com o meu mentor espiritual, que me mostrou a Terra totalmente encoberta por nuvens. Depois, pude ver o planeta todo azul sem nenhuma nuvem. Eu enxergava a Terra como um astronauta em sua nave espacial. O mentor me disse que a Terra precisa de muito amor e conhecimento para se tornar de fato azul como eu a estava vendo.

Em outra sintonização, eu me vi flutuando sobre o litoral e visualizei muitas pessoas em pé na areia da praia. Nesse momento, fui elevado mais alto, misturando-me com as nuvens e, em seguida, mergulhei no oceano, como se eu também fosse água do mar. Uma mensagem ecoava dentro de minha cabeça, dizendo que a natureza e as pessoas fazem parte de mim e, por isso, preciso sempre amá-las e a tudo que existe no universo.

Na semana em que iria ser sintonizado mestre de Reiki, sonhei que utilizava um símbolo que eu jamais havia visto. Fiquei conhecendo, depois, o nome e as funções desse símbolo, entre as quais encontrava-se a que eu utilizara no sonho. Eu havia sonhado com o símbolo Serpente de Fogo, e utilizava a energia desse símbolo para afugentar ataques espirituais no plano astral. Eu estava fora do corpo e sendo atacado por espíritos menos esclarecidos. Para escapar desses ataques, utilizei-me da energia do símbolo que iria ser sintonizado. Isso é possível porque no astral tudo se inicia antes, assim, a minha sintonização do mestrado já havia começado em outro plano. Tenho tido muitos alunos que vivenciam experiências parecidas, o que comprova que muitos acontecimentos terrenos começam em outro plano, em outra dimensão.

Agora, com as sintonizações que estou realizando, tenho me alegrado com as experiências também fascinantes que os meus alunos estão vivenciando. São momentos únicos e inesquecíveis.

Expandindo a aura com as sintonizações

Nas sintonizações de Reiki, o aluno entra em contato com o seu Eu Superior. Essa experiência o leva a grandes desafios, sobretudo, porque ele vê teses racionais e religiosas serem contestadas de dentro para fora.

O reikiano tem sua intuição desenvolvida, e isso se intensifica a cada nova sintonização. Ele começa a vivenciar várias "coincidências": pensa em algo e tal fato acontece; pensa numa pessoa e ela aparece ou telefona.

Passa a sentir a energia de um ambiente (se ela está leve ou pesada); passa a saber o que uma pessoa está sentindo verdadeiramente, ainda que nada fale ou expresse sentimento diferente etc.

As sintonizações de Reiki levam os novos reikianos a uma expansão extraordinária no campo áurico, uma vez que, a cada sintonização, a aura se expande maravilhosamente. Desse modo, o caminho da sabedoria interior e a intuição também se ampliam.

Nos cursos de Reiki e, especialmente, nas sintonizações, os alunos estão diretamente ligados ao mestre. É um momento único e especial para ambos. Depois da sintonização, o reikiano encontra seu mestre interior e passa a se comunicar intuitivamente com ele para inúmeras conquistas e avanços espirituais.

Esse encontro com o mestre interior é muito importante, pois o reikiano irá superar inúmeros condicionamentos existenciais e descobrir que a vida é completamente diferente do que sempre imaginou ou aprendeu. O Reiki permitirá mudanças radicais e positivas doravante.

A eficiência da sintonização a distância

Não é verdadeira a tese de que a sintonização precisa, necessariamente, ser presencial. Esse errôneo conceito depõe contra a essência do Reiki, que assegura a possibilidade do envio da energia a distância, como se aprende no nível 2 Usui.

No curso de mestrado que eu fiz, aprendi a fazer a sintonização presencial e a distância. Nos cursos de mestrado que ministro, ensino as duas técnicas aos meus alunos.

Quem pensa ser possível apenas a sintonização presencial, deve, infelizmente, ter aprendido assim, equivocadamente.

Faço sintonizações praticamente todas as semanas, inclusive em alunos de outros países, como Portugal, Chile e Japão. As experiências vivenciadas pela maioria de meus alunos na hora da sintonização, conforme apresentadas neste livro, comprovam por si que a sintonização a distância tem a mesma qualidade que a sintonização presencial.

Os depoimentos de meus alunos referentes à aplicação, apresentados no capítulo a seguir, provam que todos eles se tornaram reikianos e qualificados para essa prática energética, após terem sido sintonizados por mim a distância.

Quem afirma que a sintonização só pode ser feita de forma presencial certamente não vivenciou a sintonização a distância, porque do contrário teria outro entendimento. A experiência fala por si e é incontestável. Então, concluo dizendo que a sintonização a distância acontece plenamente. Posso fazer essa afirmação não somente porque acredito nisso, mas principalmente porque realizei e tenho realizado centenas de sintonizações a distância, todas com pleno êxito.

2. Depoimentos relacionados à aplicação do Reiki

Com o Reiki se deve experienciar sempre, pois são infinitas as suas possibilidades.

Vimos, no capítulo anterior, que a maioria dos alunos passa por experiências especiais durante as sintonizações realizadas por mim a distância. Apresento neste livro apenas algumas dessas experiências.

Neste capítulo, veremos que também são inúmeros os depoimentos de meus alunos sobre o sucesso da autoaplicação de Reiki e da aplicação em outras pessoas, em plantas e em animais.

Os comentários que faço após os depoimentos reforçam a grandiosidade da energia do Reiki e dão ao leitor a percepção do poder das aplicações.

Ajudando no desencarne

Uma aluna contou como interage com os símbolos do Usui e do Karuna e realiza a aplicação em idosos, especialmente quando se aproxima o tempo da passagem para outra dimensão.

> Tenho tido alguns pacientes e estou aplicando os dois métodos ao mesmo tempo. Faço todos os símbolos do Usui primeiro e, depois, os do Karuna. Acho que fica mais forte, com mais potencial de energia. Gosto muito de trabalhar com idosos em fase terminal. Aplico o Reiki poucas horas antes da passagem deles. Sinto uma tranquilidade interior com isso, parece que cumpri uma missão.

Comentário: Realmente é uma alegria poder cumprir a nossa missão terrena. Ao reikiano, é designada uma missão especial: ajudar a todos que necessitam. Vimos isso nas mensagens espirituais que muitos reikianos receberam durante as sintonizações. Percebemos que são milhares de pessoas e o planeta pedindo socorro.

O Reiki exerce papel especial às pessoas idosas próximas do desencarne, pois dá tranquilidade e ajuda na passagem, minimizando os sofrimentos.

O Shanti, por exemplo, símbolo do Karuna 2, faz o desencarne acontecer mais rapidamente. É uma energia positiva nos casos de pacientes em grande sofrimento, quando se constata que a passagem parece demorar mais tempo do que deveria, especialmente pelo apego da pessoa aos seus parentes e à vida terrena.

A cura numa única aplicação

O Reiki está sempre surpreendendo. Nem sempre, numa aplicação apenas, tem-se o resultado esperado, porque os problemas do corpo físico, quando se avolumam, podem não ser resolvidos tão rapidamente. O corpo físico, por ser o mais denso de todos os corpos, precisa de um tempo para a sua completa recuperação e, por conta disso, é sempre muito bom que se façam várias aplicações até se conseguir bons resultados. No entanto, o testemunho de um aluno mostra que, às vezes, o resultado é bem rápido.

> Mestre, acabei de receber o e-mail de uma pessoa que havia me procurado com problemas de inchaço e milhares de pedras nos rins. Afastado há anos do trabalho para tratamento, procurando ajuda em todos os lugares, ouviu falar do meu trabalho e, claro, me pediu que o ajudasse. Fiz uma única aplicação de Reiki. E veja o que ele me escreveu: "Muito obrigado, depois da aplicação do Reiki melhorei muito, expeli muitas pedras e me sinto bem melhor".

Comentário: Mesmo com esse resultado tão positivo numa única aplicação, sugeri ao meu aluno que fizesse outras aplicações para ajudar na recuperação total. Também pedi que ele orientasse seu paciente a ter uma alimentação adequada, evitando os alimentos que, por sua composição, acabam por causar novas formações de pedras nos rins.

O problema nos rins, como se aprende no curso de Reiki do nível 1 Usui, são consequência de disfunções no chakra da base. Essas disfunções são causadas, possivelmente, por raiva, impaciência, apego materialista, vícios. É fundamental a mudança de atitude mental e emocional, para que os problemas gerados por essas disfunções não surjam ou retornem.

Sentindo a intensidade da energia

As mãos do reikiano, dependendo da intensidade da energia, que pode ser medida pelo calor sentido, apontam o local e a gravidade do problema. É isso o que se constata no depoimento de uma aluna.

> Uma querida amiga de Florianópolis me pediu ajuda e comecei o envio do Reiki. No primeiro dia, ao usar a técnica da redução, senti uma energia fortíssima sair das mãos de uma forma diferente: a energia vinha, parava e voltava com força. No segundo dia, já foi uma energia contínua e normal. Ontem, ela escreveu dizendo que nunca havia se sentido tão bem como se sentiu após o envio do Reiki.

Comentário: Usando a técnica de redução e sentindo a energia de suas mãos, a reikiana percebeu que a energia no primeiro dia se mostrou mais forte, com paradas e retomadas do fluxo, evidenciando que a pessoa estava precisando de muita energia, pois esta flui na quantidade de que o recebedor necessita.

Ao reikiano, cabe observar a intensidade do fluxo de energia e a temperatura da mão, para definir a quantidade de sessões e o tempo de aplicação. No segundo dia, a energia fluiu mais normalmente e de forma contínua, pois a necessidade de Reiki já era menor; prova disso é que a paciente informou que passou a se sentir bem após receber o Reiki.

Solucionando um problema profissional

O Reiki atua em todas as questões, não somente na cura do corpo através da imposição das mãos. Uma aluna descreveu o seguinte êxito.

> Uma amiga estava com problemas no trabalho, queria sair para procurar algo melhor, mas não conseguia. Comecei o envio pela caixa de pedidos. Em pouco tempo, ela conseguiu se desligar do emprego. Foi chamada por outra empresa, onde já havia trabalhado anos atrás. Começou ontem. À noite, ela me ligou dizendo que estava muito feliz, o salário será muito melhor e terá muitas possibilidades de crescer na empresa. Agradeceu-me e pediu para continuar o envio porque está dando certo! É claro que fiquei feliz também! O interessante é que há muito tempo eu queria me tornar uma reikiana, mas não conseguia por um ou outro motivo. Consegui agora com você, Moacir. Por isso vou sempre lhe agradecer de coração a oportunidade que me deu.

Comentário: Os benefícios obtidos com o Reiki são inúmeros, e podem estar relacionados à saúde, mas também a outros aspectos da vida.

No depoimento anterior, vemos o êxito total e rápido do pedido feito à reikiana por uma amiga.

É claro que nem sempre o sucesso acontece tão rapidamente, até porque, muitas vezes, se deseja algo que pode não ser o melhor. O Reiki, por ser uma energia inteligente, pode gerar um benefício um pouco diferente do pedido, mas igualmente positivo para a pessoa.

Êxito em questão estudantil

Mesmo quando a situação parece irremediável, o Reiki pode surpreender. Foi o que uma aluna me escreveu após o êxito obtido com a sua filha, que foi aprovada mesmo com notas iniciais muito baixas.

> Com a ajuda do Reiki (pedido no caderno Usui), minha filha mais velha passou de ano. Ela vinha tendo notas muito baixas ao longo do ano, notas que para mim seriam impossíveis de serem revertidas. A verdade é que ela passou. Obrigado por sua ajuda e por ter podido aprender sobre o Reiki com você.

Comentário: Muitas vezes a situação parece não ter saída. Contudo, o Reiki atua sempre, com certeza. No caso em foco, acabou por estimular a filha da reikiana a ter motivação nos estudos e aprender as matérias.

Para a obtenção desse objetivo estudantil, tanto o sistema Usui quanto o Karuna atuam positivamente. No Karuna, há símbolos específicos para estimular a motivação da pessoa nos estudos: o Shanti e o Kriya; para ampliar a capacidade da memória e da aprendizagem, permitindo melhor fixação das matérias estudadas, utilizam-se os símbolos Gnosa e Rama.

Traçando os símbolos mentalmente

Para o envio a distância do Reiki Usui ou Karuna, é preciso traçar no ar o símbolo de abertura do portal (Honshazeshonen) e os símbolos específicos para cada situação. No entanto, quando se traça mentalmente o símbolo, pensando no mantra (nome do símbolo) três vezes, o efeito é o mesmo que se obteria caso se traçasse o símbolo no ar com a mão e se entoasse o mantra três vezes. Essa situação foi vivida por uma aluna, que fez o seguinte depoimento.

> Ontem à noite, eu já estava deitada e pensei numa situação que estava precisando de harmonia. Lembrei de enviar Harth, mas na hora de traçar não consegui me lembrar de todo o traçado, não consegui fazer o traçado com as mãos, mas o símbolo inteiro estava na minha mente. Achei isso muito estranho. Mesmo assim, só com o símbolo na mente, enviei-o para a situação. O resultado foi fabuloso. Obrigada pelo estímulo que você dá aos seus alunos. Você nos ajuda a usar na prática o que aprendemos.

Comentário: Por causa da peculiaridade do Karuna, que precisa ser traçado nas duas mãos e depois no ar, sempre sugiro a utilização do traçado literal, que, aliás, é o mais correto, visto que traçar mentalmente é mais complicado.

No depoimento, o símbolo Harth foi enviado visando harmonia entre pessoas. Esse símbolo do Karuna 1 é mesmo fabuloso para todo o tipo de relacionamento entre pessoas. É, sem dúvida, um dos mais belos e importantes símbolos do Karuna, por congregar em si o princípio primordial do Karuna, o amor.

Coincidências geradas pelo Reiki

Com o tempo, o reikiano vai percebendo que certas coincidências apresentam significados especiais, com mensagens implícitas. O fato narrado por uma aluna de Reiki demonstra bem essa questão.

> Como estava com muitas dúvidas, resolvi voltar à apostila do nível 1 Usui. Surpreendi-me com o detalhe que havia passado despercebido: o Reiki tem a cor verde. Desde que fiz a sintonização, eu só coloco capa verde no fechamento de cada mês, meus colegas de trabalho até começaram a brincar comigo, pois fico procurando somente capas verdes. Até achava que estava ficando doida, porque não conseguia usar outra cor em minhas atividades profissionais. Agora sei que a causa dessa atração pelo verde é o Reiki.

Comentário: O reikiano, após cada sintonização, vai mudando seu comportamento, alguns mais explícitos outros mais sutis. Dali a algum tempo, ele olha para trás e vê quantas foram as mudanças positivas ocorridas em sua vida, a partir do momento em que se decidiu e se tornou reikiano.

Essa atração pela cor verde certamente é intrínseca ao Reiki e acontece por sua influência. A cor verde é tida como a cor do Reiki, além de ser a cor do chakra cardíaco, que é um dos mais importantes, por estar ligado ao sentimento do amor.

Fenômeno especial

Algumas situações acontecem e surpreendem a todos. Sabendo da capacidade ilimitada do Reiki, por ser energia divina, com o tempo se aprende que não há nada surpreendente quando se trata do Reiki. Uma aluna me contou sua experiência.

> Aconteceu quando eu realizava a autoaplicação e fazia a técnica do joelho na posição correspondente à cabeça. Depois de traçar o Honshazeshonen e voltar com a mão para a posição do joelho, percebi que pegaram no meu braço, delicadamente, e fizeram a mão direita encostar-se à outra mão. Então, percebi que elas estavam afastadas. Em seguida, o dedo mínimo da mão esquerda, que também estava afastado, foi levado para junto do outro dedo. Interessante que só então percebi que eu tenho um professor ao meu lado, não acha?

Comentário: Esse depoimento é muito interessante e demonstra duas coisas: em primeiro lugar, que o Reiki é uma energia divina, de inteligência plena, o que pode por si explicar o ocorrido. Em segundo lugar, é inegável a correlação do Reiki com uma espiritualidade profunda, com amigos de dimensões muito elevadas, que não têm relação com nenhuma religião específica.

Essa espiritualidade tem se manifestado de modo concreto e perceptível a vários reikianos na hora da sintonização e da aplicação de Reiki, causando acontecimentos especiais, como o apresentado.

Durante a sintonização ou a aplicação de Reiki, o reikiano acaba acessando essa espiritualidade cósmica que provoca tantas experiências singulares. E mesmo os reikianos que não vivenciam essas experiências atípicas certamente se beneficiam desse efeito cósmico espiritual, que atinge tanto quem recebe como quem aplica o Reiki.

Êxito do Reiki em animais

O Reiki também atua em plantas e animais. Um exemplo dessa atuação positiva em animais me foi passado por uma aluna.

> Oi, Mestre! Estou amando o Reiki. A minha gata está cada dia melhor. Lembra? Ela está (ou estava) com tumores no pulmão, mediastino, fígado, vesícula biliar e um cálculo enorme ocupando quase um rim inteiro. O veterinário não entende como a respiração dela está normal. Cada dia que passa ela melhora. É incrível! Só estou tratando com Reiki, cirurgia espiritual Kahuna e homeopatia. A medicina alopática não me deu muitas opções.

Comentário: Sempre enfatizo que não se deve deixar de lado a medicina tradicional, porque, quando o corpo físico, que é o mais denso de todos, está comprometido, o tratamento com a medicina tradicional precisa ser realizado, ainda que concomitantemente com o tratamento pelo Reiki.

O Reiki possui um papel importantíssimo na prevenção de problemas, porque desbloqueia os nódulos energéticos. Sempre sugiro a autoaplicação, pois, por agir nos corpos sutis, especialmente no corpo etéreo, onde os problemas surgem primeiro, o Reiki trata os problemas antes que se manifestem no corpo físico ou os minimiza depois de manifestados.

Quando o problema já apareceu no corpo físico, o Reiki auxilia a medicina tradicional, potencializando o efeito dos remédios, minimizando os efeitos colaterais, rompendo os nódulos energéticos que ainda estão causando o problema e ajudando na recuperação dos órgãos afetados. O reikiano, ao passar por todos os níveis Usui e Karuna, dispõe de várias ferramentas para atuar em todas as situações.

Especificamente sobre o animal do depoimento, parece que a única saída era a intervenção cirúrgica, que não estava dando muita esperança ou respostas seguras para a recuperação. A reikiana, então, passou a fazer a aplicação do Reiki e utilizou-se ainda da cirurgia Kahuna ensinada no nível 3-A, que é maravilhosa. A gatinha começou a reagir de modo surpreendente, até aos olhos do veterinário.

Para casos semelhantes em animais ou em seres humanos, sugiro intercalar os tratamentos, ora usando a cirurgia Kahuna, ora os símbolos do Karuna (Zonar, Halu, Harth e Rama), além dos símbolos Usui.

Minha sugestão é fazer o seguinte: um dia realizar a cirurgia Kahuna; no outro dia, aplicar os quatro símbolos Usui em todo o corpo; no dia seguinte, os símbolos do Karuna (Zonar, Halu, Harth e Rama); no outro dia, os símbolos Usui e assim por diante, sempre usando os símbolos Usui nos dias seguintes em que realizar a cirurgia Kahuna ou os símbolos do Karuna.

A indicação acima é somente uma sugestão, os reikianos devem sempre seguir a intuição em cada situação.

Cura a distância

O Reiki propicia um benefício que as outras terapias alternativas normalmente não oferecem: o envio da energia a distância. Essa característica especial do Reiki é muito útil em inúmeras situações, tal como se vê neste depoimento de um de meus alunos.

> Minha filha de 11 anos levantou-se queixando-se de dor na garganta, com dificuldade para engolir. Ela estava com as amídalas inflamadas e princípio de febre. Como eu tinha um atendimento urgente, aproveitei o trajeto para enviar o Reiki a distância para ela. Depois de 45 minutos de tratamento a distância, minhas mãos ficaram mais quentes do que o normal e o resultado foi fantástico. Passei na escola onde ela estuda, pois queria ver como ela estava. Resultado: sem dor, engolindo perfeitamente, temperatura normal. Eu tive a absoluta certeza, Moacir, de que no momento em que minhas mãos

estavam em fogo, a cura estava acontecendo. Simplesmente inacreditável.

Comentário: É inerente ao ser humano desconfiar, ter dúvidas. Por isso, eu tenho pedido aos alunos que compartilhem suas experiências. O Reiki está a todo o momento, de uma forma ou de outra, evidenciando novos aspectos práticos da energia divina.

A experiência relatada mostra que a atuação do Reiki a distância é tão eficiente quanto a aplicação presencial. A percepção do reikiano de que suas mãos estavam quentes aconteceu porque a menina estava realmente precisando, pois, a energia do Reiki flui na quantidade de que precisa o recebedor. Considerando que quanto mais se aplica o Reiki, melhor é o resultado, a aplicação por 45 minutos foi realmente positiva, gerando a cura imediata da infecção.

O ideal é que o reikiano, na medida do possível, aplique o Reiki enquanto está sentindo as mãos quentes. Se não for possível aplicar o Reiki por muito tempo, volte a realizar novas aplicações em outras ocasiões.

A percepção do reikiano de que a cura estava acontecendo naquele momento tem a ver com o desenvolvimento da sua intuição, que se intensifica com as sintonizações e aplicações de Reiki.

Certa vez, ao enviar a energia a distância para um paciente, tive a impressão de que algo tinha caído no chão, fazendo um estranho barulho. Imediatamente intuí que era um recado de que a cura havia sido realizada. E, de fato, pude comprovar, mais tarde, pelo que me disse o paciente, que o problema havia sido resolvido.

O Reiki provoca muitas emoções, deixando o reikiano feliz a cada nova constatação de sua eficácia.

Proteção dos chakras

Um importante benefício do Reiki é a proteção dos chakras, sempre necessária antes de cada aplicação, pois o reikiano entra em conexão áurica com o paciente. Uma aluna se esqueceu de fazer a proteção dos chakras e conta o que sentiu.

> Hoje cedo fiz a autoaplicação e mais tarde fui enviar Reiki para um parente com quem estabeleci uma programação. Não me preocupei com a minha proteção, uma vez que já havia feito a autoaplicação. Quando iniciei o envio, meu pescoço e ombros foram ficando tensos, e comecei a sentir dor. Não interrompi a aplicação e resolvi fazer um exercício de respiração em meditação. Imediatamente, as áreas atingidas foram sendo liberadas e ficaram completamente relaxadas. Essa foi uma demonstração da necessidade de proteção dos chakras, mesmo quando, aparentemente, parece não haver risco. Estou escrevendo porque achei importante atentar para as recomendações que você faz no curso. Essa experiência talvez sirva de alerta a outras pessoas.

Comentário: O reikiano, além de fazer a proteção dos chakras pelas manhãs tal como ensinada no nível 2 Usui, precisa realizá-la antes da aplicação em outra pessoa, mesmo que seja alguém da família.

O depoimento deixa claro essa necessidade. O reikiano, ao entrar em conexão áurica com o paciente (seja na aplicação presencial ou a distância), normalmente capta muito do que a pessoa está sentindo. Essa influência será minimizada ou até completamente evitada com a simples proteção dos chakras, procedimento tão rápido que não se justifica não realizá-lo.

Já me aconteceu, algumas vezes, de não realizar a proteção dos chakras antes de fazer uma aplicação de Reiki. Nessas ocasiões, sempre senti algo diferente como uma leve sensação de dor, exatamente no lugar em que a pessoa estava com o problema.

Seria bom saber o exato local do problema, mas isso não é aconselhável, porque, devido à interação áurica, há contaminação energética do paciente para o reikiano. Com a aplicação de Reiki, o que se quer é o envio da energia divina para o recebedor e não o contrário.

Portanto, o reikiano deve sempre fazer a proteção de chakras, como ensinado nos meus cursos, antes de fazer aplicação de Reiki presencial ou antes de enviá-lo a distância. Ele deve fazê-la também pela manhã, para evitar ou minimizar o vampirismo energético que acontece no convívio diário com as pessoas.

Ampliação da capacidade paranormal

Com as sintonizações, e consequente desbloqueio do chakra frontal, potencializa-se a capacidade paranormal do reikiano, que passa a ver com mais naturalidade pelo terceiro olho. Eis um depoimento nesse sentido.

> Uma vez, relatei que via luzes quando olhava para o céu. O processo se intensificou tanto que, hoje, ao olhar para o céu, além de pontos luminosos que se movimentam de forma desordenada, vejo muitos filamentos semitransparentes, como se nós estivéssemos imersos num material viscoso. É maravilhosa a sensação. Imaginar que somos capazes de ver além do visível e com olhos mais aprimorados, percebendo energias maravilhosas que nos rodeiam. À noite, vejo tudo de forma simétrica, um fundo que parece granular, para se mexer como se estivesse vivo. Será que minha percepção está mais aflorada, antes só via algumas luzes, depois de ser sintonizado no Reiki Karuna 2, isso intensificou-se muito. Mas não estou deixando isso me assustar. Confio muito mais hoje. Minha intuição me diz quando e se devo ir a algum lugar e por onde devo seguir.

Comentário: Muitos reikianos podem estar vivenciando as mesmas sensações visuais ou a capacidade intuitiva descrita no depoimento. Durante os cursos nos vários níveis, tenho dito que a percepção do reikiano e a sua intuição vão se aprimorando a cada nova sintonização e com as práticas reikianas.

Essa percepção ampliada capta imagens além do que se poderia ver na dimensão terrena tridimensional. O Reiki, ao potencializar a percepção, intensifica os dons paranormais que a pessoa já possuía. No depoimento, vemos a chamada capacidade extrassensorial visual.

Outro aspecto destacado no depoimento é o afloramento, com mais intensidade, da intuição, a cada nova sintonização. Isso se verifica com todos os reikianos.

O reikiano, em seu depoimento, diz que a sua percepção se intensificou após a sintonização no Karuna 2. Realmente, o Karuna é muito forte, o que faz com que a percepção aumente muito, especialmente a intuição. Mas isso acontece também com as sintonizações do sistema Usui.

Mostrando situações em sonhos

Quando se utiliza o Reiki para se chegar à origem de um problema no passado, seja desta ou de outras existências, para resolver as causas de traumas, muitas respostas podem vir através de sonhos. Foi esse o caso relatado no depoimento a seguir.

> Durante a madrugada, acordei, fui ao banheiro e quando voltei a me deitar fiz o Reiki usando a técnica para sanar questões do passado com a frase da apostila: "Esta energia segue para a origem do problema, acontecido nesta ou em vidas passadas, curando-o", e pedi que me fosse mostrada a origem do problema. Dormi. Já com o dia amanhecendo, mas antes de acordar, como num sonho ou pesadelo, vi uma cena terrível e muito clara. Vi o momento exato de um acidente de carro. Meu marido estava ao volante,

> eu ao lado, minha filha e uma amiga dela no banco traseiro. Não vi o rosto de nenhum deles, mas sei que eram eles. O que vi exatamente foi a estrada, o carro perdendo a direção, a mão direita do meu marido ao volante e, do lado direito da estrada, um abismo. Percebi que o carro ia cair e gritei "O que é isso?!" E o carro saiu da estrada. Eu disse: "todos vamos morrer, eu amo vocês todos, só vai ficar meu filho". Depois, vi o azul do céu e mais nada.

Comentário: É preciso supor que a cena não se refere ao futuro e, sim, a um acontecimento do passado, considerando que o sonho aconteceu depois que a aluna enviou Reiki para o passado, buscando sanar a origem de alguma situação. Por isso, pode o sonho ter relação com cenas de vidas passadas, em que um acidente pode ter acontecido.

Também não se pode descartar a possibilidade de ser um alerta de possível acontecimento futuro. E qual é o lado positivo das premonições? É que, ao saber sobre possíveis acontecimentos futuros, pode-se intervir, mudar o rumo deles. É ótimo saber antes, prevenir e poder alterar os acontecimentos.

Eu tenho muito desses avisos em sonho. Esse dom foi intensificado depois que me tornei reikiano. E, apesar de sentir um mal-estar ao despertar, alegro-me por ter sido avisado e poder, concretamente, intervir, o que sempre tenho feito, até porque o Reiki me propicia muitas ferramentas para atuar nesse contexto.

No meu livro *Viagem à Cidade Espiritual de Necanerom*, conto uma dessas premonições, também envolvendo um acidente de carro.

Sonhei que um pneu de meu carro estourava, provocando um grave acidente. Eu tinha uma viagem marcada para aquele fim de semana. Diante do aviso, levei o carro para uma oficina especializada em pneus para uma verificação geral.

Após a análise de todos os pneus, o responsável técnico me chamou e me disse que um dos pneus (o mesmo mostrado no sonho) estava com uma grave deformação, o que podia levá-lo a estourar a qualquer momento. Fiquei feliz em saber que o sonho me alertou sobre algo que os meus olhos não podiam ver, pois o problema no pneu era interno.

Coloquei um pneu novo e pude fazer a viagem sem risco, colocando, como sempre faço, o meu carro, a viagem e as pessoas que viajam comigo dentro do campo magnético ensinado no Karuna 2. Esse campo magnético é maravilhoso, permite o afastamento de todos os perigos, sejam físicos ou causados por ataques espirituais.

Comentário: À aluna que nos contou sobre o sonho, sugeri em primeiro lugar que antes de qualquer viagem de carro ela faça uma detalhada revisão no veículo em oficina de confiança. Depois, sugeri que colocasse o carro, a viagem, as pessoas, o trajeto de ida e de volta, a estadia no local, tudo sob a proteção do Reiki por meio do campo magnético de proteção do Karuna e da proteção do Reiki Usui. A reikiana procedeu assim e nenhum acidente aconteceu em sua viagem.

Não é porque o reikiano tem uma premonição que ele deve deixar de viver, viajar. Deve se precaver e enviar Reiki para a viagem (Usui e Karuna), sabendo que o sonho foi um alerta que lhe permitiu intervir e mudar o desfecho.

Energia do ambiente e avisos intuitivos

O reikiano pode perceber nitidamente a energia dos ambientes e intervir para melhorar os locais com aplicações de Reiki. No depoimento, o reikiano sente a diferença energética entre sua residência, onde aplica o Reiki, e um local em que esteve durante uma viagem.

> Eu estava viajando a serviço, mas cumprindo com minhas obrigações de aplicação de Reiki no caderno e da caixa de pedidos. Fiquei surpreso ao chegar em casa, tudo estava diferente, e quando fui traçar os símbolos, senti leveza na mão, parecia uma pena, e vi os símbolos no ar. Quando estava viajando, não acontecia isso. Será porque era o lugar da sintonização? Recebi alguns avisos em minha mente sobre algo que acontecerá em breve na Terra. Muito estranho. Depois das sintonizações, os avisos que tenho recebido, nos momentos de oração, referentes ao nosso planeta, estão me fazendo mudar para melhor.

Comentário: Na narrativa, o aluno diz que, ao voltar à sua residência depois de uma viagem, sentiu mais leveza ao aplicar o Reiki e visualizar os símbolos no ar. É provável que os locais em que ele fez as aplicações de Reiki, enquanto viajava, estivessem energeticamente pesados, contrapondo-se ao ambiente de sua casa, que está com melhor nível vibracional.

O reikiano, antes de aplicar o Reiki, deve trabalhar a elevação do nível vibracional, o que pode ser realizado por meio da técnica de redução, na qual se envia por cinco minutos energia para o local em que serão feitas as aplicações. Assim, obterá a transmutação energética e a elevação do nível vibracional. Para quem tem o Karuna, o envio do Halu e Harth para o local também eleva o nível vibracional. Pode-se, ainda, traçar o Chokurei sobre o local e, caso o reikiano tenha o Karuna, também o símbolo Rama.

Esse procedimento deixa os ambientes mais leves, o que é muito positivo para a aplicação do Reiki, além de melhorar o nível vibracional de qualquer ambiente, seja residencial ou profissional.

Sobre as mensagens que o aluno diz estar recebendo intuitivamente, ainda com mais frequência após as sintonizações, devo dizer que são consequência da ampliação da capacidade intuitiva que ocorre com todos os reikianos depois das iniciações de Reiki nos vários níveis Usui e Karuna.

Sucesso com o caderno e a caixa de pedidos

São inúmeras as ferramentas à disposição do reikiano para que ele obtenha o que pretende com o Reiki. Entre as quais estão o caderno de pedidos Usui e os cadernos de Karuna (o geral e o dedicado aos relacionamentos). Uma aluna fala do êxito obtido com pedidos colocados no caderno de Reiki.

> Gostaria de dar o meu depoimento sobre o caderno. Todas as pessoas que tem algum pedido feito no meu caderno disseram ter melhorado bastante e estão dormindo melhor, até minha mãe, que ficava horas acordada durante a madrugada. O que mais me deixou feliz foi a melhora da depressão da minha cunhada. Ela disse que se sentia a pior pessoa do mundo e, de uns tempos para cá, começou a sentir uma energia que a está tirando dessa tristeza. Meu padrasto também melhorou muito de suas dores na coluna. Sinto-me muito grata por ser um instrumento dessa energia maravilhosa que só nos faz bem, uma bênção.

Comentário: É sempre motivo de alegria quando o reikiano comprova o efeito positivo do Reiki e, como está descrito no depoimento, da utilização do caderno do sistema Usui.

Realmente, o Reiki, por suas várias possibilidades e diversas ferramentas, é um instrumento poderoso. Entre essas inúmeras alternativas está a utilização dos cadernos de pedidos Usui e Karuna e também da caixa de pedidos Usui.

Quando eu ainda era estudante de Reiki, no dia da sintonização do nível 2, todos nós, da turma, aplicamos Reiki na caixa de pedidos. Um dos alunos havia colocado na caixa um pedido para a sua cunhada (ele havia acabado de receber a notícia da morte dela). Todos nós sentimos forte calor nas mãos ao aplicar o Reiki na caixa. Naquela noite, o aluno, que é meu vizinho, veio me contar que a sua cunhada estava viva. Disse-me que uma enfermeira notara que a cunhada havia mexido uma parte do corpo, chamaram a equipe médica e constataram, para surpresa de todos, que ela estava viva. No dia seguinte, ela teve alta e hoje vive bem, com saúde.

Os reikianos aprendem logo que pequenos e grandes milagres acontecem em consequência da força energética do Reiki, que é divina, portanto, ilimitada.

Atuando nos relacionamentos

No planeta Terra, a nossa principal missão é a aprendizagem do amor e para tanto nos relacionamos com as pessoas de várias maneiras. Quanto melhor forem os nossos relacionamentos, maior será o nosso desenvolvimento espiritual. O Reiki tem importante papel, pois pode qualificar os relacionamentos de todos os tipos, como será visto no seguinte depoimento.

> Fiz o caderno de relacionamentos, conforme nosso Mestre ensinou. Tratava-se de relacionamentos familiares muito conflituosos, nos quais, há vários anos, as brigas e as provocações mútuas eram praticamente diárias. Pois bem. Estou aqui para dizer que durante vários dias não houve qualquer incidente. Dá super certo! Obrigada, Mestre, por abrir as portas do Reiki para mim! Obrigada, Reiki, pela oportunidade de ainda nesta encarnação minimizar meus débitos e os débitos dos envolvidos!

Comentário: Relacionamo-nos de várias maneiras, quer no ambiente familiar, quer profissionalmente, quer emocionalmente, com aqueles com que contracenamos no dia a dia. A qualidade desses relacionamentos nos levará ou não ao consequente progresso espiritual.

É muito importante trabalhar a qualidade dos relacionamentos com atitudes corretas e, também, com a ajuda, sempre especial, do Reiki.

Embora se possa enviar a energia do Reiki Usui para os relacionamentos, existe no Reiki Karuna um símbolo especial e apropriado para essa questão. No curso de Karuna, eu ensino como fazer o caderno de relacionamentos e como usar a energia do Karuna para todos os tipos de relacionamentos. Foi isso que a aluna fez. O sucesso foi espetacular, como narrado por ela.

Neutralizando efeitos de ataques energéticos

O Reiki é importante na interrupção de conexão com energias densas, oriundas de pessoas encarnadas ou de planos astrais. Veja este depoimento.

> Tenho tido muita dificuldade para ir trabalhar. Na semana passada inteira, não trabalhei. Não conseguia levantar, não conseguia ir. Durante a semana, senti uma terrível dor de estômago. Tinha um gosto de sangue na boca e uma azia que me acompanhava o dia todo. Na sexta-feira resolvi fazer Reiki (já era para ter feito, mas não tinha forças para nada). Estou aplicando o Karuna, fazendo a proteção como você ensinou na apostila, Iava e Halu. Desde domingo é como se eu não tivesse nada, estou totalmente

bem. Hoje de manhã, ao abrir a apostila, dei com a página do símbolo Shanti. Apliquei-o. Minha mente ficou mais tranquila. Acredito ter sofrido algum ataque sério, e os símbolos do Karuna me curaram e me protegeram. O mais curioso é que, quando abri a apostila no símbolo do Shanti, foi como se ele tivesse brilhado na página. Essa proteção está sendo fundamental para mim. Não pretendo ficar mais sem fazer.

Comentário: A proteção do campo magnético ensinado no curso de Karuna é muito importante e deve ser feita todos os dias, para evitar perigos terrenos e ataques espirituais de energias densas. O Halu e o Iava são maravilhosos, pois, além da proteção do campo magnético do símbolo Halu, em conjunto com o símbolo Iava, eles cortam a conexão com ataques densos. Esses dois símbolos do Karuna apresentam força e poder para atuar cortando, até, efeitos de trabalhos espirituais nefastos.

Foi interessante a aluna ter aberto a apostila na página do símbolo Shanti, que se apresentou brilhante, como se estivesse se comunicando ou chamando a atenção da aluna. A utilização do símbolo foi um sucesso, uma vez que ele atua elevando o nível vibracional. A isso podemos chamar de comunicação intuitiva, que, como já mencionamos neste livro, apresenta-se de forma especialíssima nos reikianos.

Adaptação em outro país

No depoimento a seguir, um aluno narra o efeito positivo que o Reiki teve sobre sua filha, que foi estudar na Europa. Ela estava muito insegura com a mudança drástica que faria em sua vida.

> As notícias de minha filha (a que está fazendo mestrado na Europa) são bastante otimistas, uma vez que ela já está bastante confiante e até já responde aos questionamentos na sala de aula (em espanhol). Também já está mais aclimatada com a situação e bastante alegre e confiante. O Reiki é maravilhoso!

Comentário: O Reiki, como o amigo leitor pode concluir, serve para diversas situações, diria para todas, pois sempre podemos contar com a sua preciosa ajuda. Nesse caso, o Reiki atuou protegendo e estimulando emocionalmente a filha de um aluno, em sua nova fase estudantil na Europa.

Mensagem intrigante

Tenho um aluno de Reiki que é padre da Igreja Católica. Ele viveu grandes experiências nas sintonizações dos vários níveis Usui e Karuna. A seguir, esse aluno comenta sobre um intrigante sonho que teve logo após uma das sintonizações de Reiki.

> Eu estava num descampado com alguns jovens e algumas senhoras. As mulheres apresentavam-se mais velhas, idosas; os jovens eram todos homens na faixa etária entre 20 a 25 anos. Era uma espécie de retiro ou encontro. Quando, de repente, olho para o céu, vejo muitas nuvens escuras e, entre elas, uma espécie de nave com

> uma escotilha, uma abertura muito brilhante. Próximo dessa abertura, pequenas naves voavam em círculo. Daquela abertura, começaram a descer corpos e mais corpos humanos mutilados, pedaços de cabeças, pernas, braços, troncos, e tudo era depositado bem próximo de onde estávamos. É como se aquela coisa estivesse devolvendo para a Terra algo que não lhe pertencesse.

Comentário: Achei incrível esse sonho. Na minha percepção, não foi algo tão absurdo assim, ainda que terrível. Sabemos que existe vida em muitos planetas e em várias dimensões. Temos sido ajudados por seres de outros planetas e de outras dimensões que querem o nosso bem e o progresso espiritual do planeta Terra. Contudo, há seres de outros planetas que, mesmo com toda evolução tecnológica, não evoluíram espiritualmente e têm realizados testes e experiências com seres aqui da Terra.

Ao que tudo indica, a sintonização ampliou a percepção extrassensorial do aluno, como faz com todos os iniciados no Reiki. Essa percepção lhe mostrou algo oculto, que infelizmente pode estar acontecendo em grande escala em nosso planeta. É possível que esses corpos estejam sendo devolvidos em outra dimensão ou em locais inacessíveis da Terra, por isso tal fato não vem a público.

Visão dos símbolos

Um de meus alunos tem visualizado os símbolos do Reiki à sua frente e com reflexos sobre os locais e pessoas. Assim ele comentou.

> Os símbolos do Reiki estão frequentemente aparecendo em minha mente e sendo refletidos nos ambientes onde estou e nas pessoas, quando falo com elas. Achei isso fantástico, nunca vivenciei algo desse tipo antes.

Comentário: A energia do Reiki, além de sair das mãos, sai também dos olhos (do olhar) dos reikianos. Por isso, o olhar deve sempre inspirar amor. A experiência desse aluno é perfeitamente plausível, porque ele está vendo a energia dos símbolos se deslocando para os ambientes e para as pessoas, como acontece, de fato, quando o reikiano envia a energia do Reiki.

Curando a dor física

O Reiki atua tanto na causa quanto nos efeitos, especialmente o símbolo Rama do Reiki Karuna, tal como confirma este depoimento.

> Senti que a dor de cabeça da minha filha estava pior que das outras vezes. Não hesitei, fiz Rama nas minhas duas mãos; falei o mantra; desenhei o símbolo no ar; depois o mantra novamente; e coloquei as mãos na cabeça da minha filha. Senti as mãos muito quentes, a energia saindo como laser e, em menos de três minutos, a minha filha disse que estava aliviada, sem dor de cabeça.

Comentário: O depoimento dessa aluna destaca uma das funções especiais do Rama, símbolo do Reiki Karuna, que atua exatamente como anestésico físico.

A aluna agiu corretamente traçando o símbolo (nas duas mãos e depois no ar) e aplicando-o com a imposição das mãos (embora pudesse enviá-lo também a distância, se fosse o caso). O resultado foi totalmente positivo, curando a dor de cabeça de sua filha. Durante a aplicação, ela sentiu as mãos muito quentes. Isso acontece porque a intensidade da temperatura tem a ver com o grau de necessidade do recebedor.

Esse depoimento me fez lembrar que até me tornar reikiano, eu tinha constantes dores de cabeça e tomava muitos analgésicos. Depois que me tornei reikiano, passei a tratar a dor de cabeça com o Reiki. Aplicando-o quando a dor ameaçava começar, o Reiki fazia com que ela cessasse logo.

Vale observar que, embora o Rama seja o ideal para dores no corpo físico, o Reiki do sistema Usui também pode ser utilizado.

Se a dor de cabeça persistir, já que normalmente ela é um sinal de alguma anomalia, o reikiano pode tomar um analgésico (de acordo com a orientação médica), traçando o Chokurei sobre o medicamento para potencializar a sua função e minimizar os efeitos colaterais, como se aprende no curso de nível 2 do sistema Usui.

Ampliação do dom de cura com o Reiki

Muitas pessoas possuem um dom de cura natural. No entanto, ao utilizar a imposição das mãos, essas pessoas acabam desgastando as suas energias pessoais, gerando cansaço, como vemos no seguinte depoimento.

> Há alguns anos, ouvi falar sobre o Reiki, mas nunca tinha feito ou visto alguém atuando. Eu seguia minha intuição e estava realizando algumas curas na minha família com as mãos, mas nem sabia que existia o Reiki. Aí, uma pessoa me enviou, por e-mail, alguns textos sobre técnicas de Reiki e me explicou que eu devia me proteger para não desgastar minhas energias. Eu realmente ficava bem cansada quando realizava alguma cura com as mãos e com mentalização. Foi quando comecei a me interessar pelo assunto e a buscar algum estudo, até que achei na internet o site dos seus cursos. Estou percebendo como o Reiki pode ser bem mais rápido e eficaz.

Comentário: Esse cansaço acontece porque a pessoa com dom paranormal de cura está usando apenas sua própria energia, a energia Ki. Ao se tornar reikiano, a situação se modifica, pois se disponibilizará a energia do Reiki, a junção da energia Rei (divina/cósmica) com a energia pessoal, Ki.

Com a utilização do Reiki, a pessoa com o dom natural de cura irá potencializar esse dom e não haverá desgaste algum; até se sentirá mais energizada, uma vez que parte da energia do Reiki doada fica com o reikiano. Como disse São Francisco de Assis, é dando que se recebe. Então, quanto mais a energia do Reiki for compartilhada, mais o reikiano será energizado.

Energia do Reiki saindo das mãos espontaneamente

O Reiki é uma energia divina e, por isso, está sempre surpreendendo. Veja a seguinte narrativa.

> Quero fazer uma pergunta sobre um fato que tem me intrigado há alguns dias: quando leio suas apostilas no notebook, e só nessas horas, minhas mãos ficam energizadas. Sem eu ter utilizado nenhuma técnica para ativar as energias, sinto energia em minhas mãos e sinto também energia no teclado do notebook. Isso é comum?

Comentário: Como comentei antes, a energia do Reiki sai comumente pelas mãos do reikiano, e pode fluir também dos olhos.

Eu e outra mestra de Reiki vivemos experiências parecidas sem que um soubesse do caso do outro (só depois comentamos a respeito). Desejando enviar a energia do Reiki para determinada pessoa, eu mentalizei os símbolos necessários (Usui e Karuna) para enviar quando chegasse em casa, pois estava em outro local. Não os tracei mentalmente nem falei os mantras, foi só um tipo de planejamento. Mesmo assim, a pessoa recebeu a energia imediatamente, e o resultado pretendido foi alcançado. Fiquei surpreso com o acontecido.

É certo que essa minha experiência e a ocorrida com outra mestre de Reiki precisam ainda ser mais bem entendidas. Pode ser que o reikiano consiga enviar a energia do Reiki apenas pensando no envio, mesmo sem traçar os símbolos. Ainda que essa hipótese possa ser verdadeira, destaco a necessidade de usar os métodos de envio a distância, como ensinado nos cursos de Reiki, mesmo porque essas experiências são raras.

Comentei minha experiência porque é sempre bom deixar todos conscientes de que o Reiki, a todo o momento, pode nos surpreender positivamente.

Especificamente sobre a experiência de minha aluna, que sentiu as mãos energizadas e a energia no teclado do seu laptop quando estudava as apostilas de meus cursos, ocorreu-me que isso pode ter ocorrido em decorrência da mentalização dela no Reiki, da concentração nos estudos. Ela estimulou o fluxo energético, como faria se impusesse as mãos ou realizasse os procedimentos para o envio de Reiki a distância.

Outra situação de energia fluindo espontaneamente

Apresento outro caso de energia espontânea do Reiki, que ocorreu dentro de um Centro Espírita.

> Uma amiga reikiana me falou que numa gira no centro de umbanda que frequenta, sentiu uma energia fluindo das mãos. Achei muito estranho porque são energias de frequências diferentes, mas como você sempre diz que o Reiki nos surpreende a todo momento, resolvi perguntar o que você acha.

Comentário: Em linhas gerais, dizemos que, ao colocar as mãos sobre uma pessoa, um animal, uma planta ou, até mesmo, sobre objetos, o reikiano está *on* (emite a energia Reiki). Ao recolher as mãos, esfregá-las ou lavá-las, ele cessa o fluxo da energia e se torna *off*. Também é assim quando se fazem os procedimentos para o envio do Reiki a distância.

Algumas experiências têm demonstrado que o reikiano pode ser *on* todo o tempo, emitindo energia sempre que precisar ou quando desejar, mentalmente e pelo olhar. No futuro, isso será efetivamente comprovado, pois existem casos, como os relatados neste livro.

Com relação ao depoimento de uma reikiana, sobre sentir a energia do Reiki fluir de suas mãos num centro de umbanda, posso dizer que isso aconteceu por alguma necessidade, talvez de proteção, ou pelo fato de a reikiana ter pensando no Reiki.

Temos que considerar que, independente de onde esteja, o reikiano é sempre reikiano e poderá atuar em qualquer ambiente. A energia do Reiki pode atuar em todos os lugares, inclusive para nossa proteção, afinal a energia divina não tem barreiras e influi sempre positivamente.

O Reiki não está ligado a nenhuma religião. É uma terapia alternativa. Qualquer pessoa, pertencente a qualquer religião, pode se tornar reikiano e atuar mesmo quando estiver executando as suas atividades religiosas.

Recentemente, uma de minhas alunas se confundiu com o dia e hora da iniciação e estava numa igreja, assistindo a um batismo, exatamente na hora da sintonização. A energia do Reiki, surpreendendo, encontrou essa aluna e ela foi sintonizada dentro da igreja. Ela me contou que teve vários sintomas típicos sentidos na hora da sintonização.

Quero dizer com isso que o Reiki, por ser divino, não escolhe lugar, não seleciona ambientes. A energia pode fluir em qualquer lugar e também em ambientes religiosos. Para o Reiki, todos são iguais, todos podem e devem viver o amor em todos os lugares. O Reiki é o amor em ação.

Tratando plantas

Como comentei anteriormente, ao falar da recuperação de um animal, o Reiki atua positivamente tanto nos seres humanos, quanto nos animais e plantas. Eis um exemplo de recuperação de uma planta, vítima de mau-olhado.

> Ontem ocorreu algo que me deixou totalmente feliz e convicta de que posso realmente contar com a energia do Reiki. Inauguramos um novo local para nosso escritório. Ficou tudo muito bom e bonito. Durante a semana, uma pessoa conhecida de muitos anos nos visitou em busca de uma orientação. Durante todo o tempo da visita, a pessoa não fez nenhum comentário sobre o novo escritório, nada. Julguei isso normal, porque sei que ela é um tanto invejosa e pretensiosa, valorizando somente o que lhe pertence. No entanto, ao ir embora, passando por minhas plantas na recepção, tocou uma delas e disse que estava bonito o verde no escritório. Dois dias depois, notei que a planta que ela havia tocado estava totalmente murcha, caída. Inacreditável. Na hora, não me ocorreu que poderia ser mau-olhado.

> Ontem, fui ao escritório e, olhando para a planta, senti pena de vê-la quase sem vida. Peguei o vaso e o trouxe para meu apartamento. Lembrei-me da cena ocorrida e não tive dúvida: aquilo era resultado do olhar daquela conhecida. Apliquei Reiki. Não mais que quinze minutos de aplicação, e a planta estava quase totalmente recuperada! E olhe que não foi água nem nada, porque nem coloquei, uma vez que não havia necessidade. O Reiki recuperou minha planta, que agora está lindíssima novamente. Pena que não tirei foto antes para lhe enviar e mostrar a transformação. Foi o Reiki que afastou a energia densa e a libertou!

Comentário: Esse depoimento é importante por tornar evidente que o Reiki pode ser usado com sucesso não somente nas pessoas, mas também nos animais, nas plantas e em todas as situações.

Com esse depoimento fica evidenciado que o mau-olhado de fato existe. É uma energia que tem efeitos ainda mais intensos em plantas e em crianças, sobretudo em recém-nascidos. Muitas vezes, a pessoa que lança esse olhar sente apenas a vontade de ter uma planta igual ou um filho igual. Nem sempre sente o desejo de fazer mal. No entanto, o efeito destrutivo acontece, pois a inveja é uma energia negativa muito forte.

O Reiki é uma energia forte e positiva, tanto que restabeleceu completamente a saúde da planta após uma aplicação de poucos minutos. É mesmo uma maravilha quando revertemos situações desfavoráveis com o Reiki.

Para neutralizar energias densas, o ideal é realizar a técnica aprendida no nível 3-A, a que penteia a aura (mais usada, é claro, em pessoas). Mesmo assim, a reikiana, utilizando-se dos símbolos Usui, obteve sucesso extraordinário. O Reiki nos proporciona muitas ferramentas a serem utilizadas. Que ótimo! Podemos ajudar sempre.

Símbolo de proteção

O Reiki nos oferece alguns símbolos de proteção, entre eles o Chokurei. Uma de minhas alunas usou-o e nos conta o resultado.

> Quero relatar o que me aconteceu antes da sintonização do nível 2. Eu estava lanchando com minha filha de 13 anos e duas enteadas, de 14 e 10 anos. Elas começaram a falar de assuntos aterrorizantes, de fantasmas etc. Eu também estava contando alguns fatos para elas, quando minha enteada olhou pela janela e viu do lado de fora um vulto. Todas ficaram com medo. Eu senti arrepios pelo corpo e comecei a orar e utilizei-me do Chokurei bem grande, envolvendo toda a casa para que as coisas ruins fossem embora. Perguntei a elas como estavam se sentindo e o medo havia ido embora; estávamos melhores.

Comentário: O relato dessa reikiana é muito interessante, e me leva a comentar aqui o que os mestres de Reiki não dizem, até por uma questão didática, já que o nível 1 não contempla as técnicas dos símbolos. No entanto, o Chokurei é dado aos alunos na sintonização do nível 1. A rigor, os reikianos de nível 1 podem usar o Chokurei para todas as suas funções. Isso não é dito pelos mestres de Reiki porque não há, no programa do curso Usui 1, orientações de como usar o Chokurei e nem de como traçá-lo, o que na verdade ocorre depois, no curso de nível 2 Usui. Nos meus cursos, estou mudando essa situação, para que o reikiano Usui 1 possa usar o Chokurei em todas as situações.

A intuição do reikiano é sempre especial. Levou a reikiana a utilizar o Chokurei mesmo sem saber que poderia fazê-lo, já que ainda não havia sido sintonizada no nível 2. Diante do perigo vivido por ela e pelas meninas, a reikiana traçou o Chokurei e tudo se acalmou, passando o perigo e o medo.

Como se aprende no nível 2 Usui, o Chokurei é ótimo para proteção, seja de perigos terrenos ou espirituais.

Sucesso com a técnica do joelho

O Reiki oferece muitas formas de aplicação ou envio a distância, ficando a cargo do reikiano a escolha da melhor técnica. A seguir, um exemplo de êxito com a técnica do joelho, que se aprende no nível 2 Usui.

> Aplico Reiki todos os dias, tanto presencial quanto a distância, e os resultados são muito bons, excelentes. Não uso a técnica do caderno, da caixa ou da redução. Prefiro a técnica do joelho para a autoaplicação ou para o envio a distância. No meu ponto de

vista, esse método tem grande efeito para quaisquer necessidades. Um acontecimento que considero extraordinário, ou melhor, fantástico, é que, quando envio a energia Reiki para pessoas muito necessitadas ou em fase terminal, quase sempre minha presença é sentida por essas pessoas, ou elas veem minha figura no ato da aplicação. Sou visto nitidamente, como já diversas pessoas relataram, não que eu solicite isso, nem sinta também, mas acontece essa espécie de desdobramento.

Comentário: Com relação à preferência da técnica do joelho, repito que o Reiki permite várias opções de aplicação. Cada reikiano deve escolher as técnicas com as quais mais se identifica. A rigor, todas as técnicas são ótimas.

Sobre o reikiano ser visto, mesmo a distância, ao aplicar o Reiki, tenho a dizer que já vivi essa experiência. Uma paciente em outra cidade, em estado de relaxamento, viu-me nitidamente aplicando Reiki nela. O êxito foi maravilhoso. Após a aplicação, ela dormiu e acordou sem o problema.

Isso pode significar desdobramento ou simplesmente ser efeito do Reiki, considerando que o reikiano e o paciente entram numa interação de seus campos áuricos, daí a sensação ou as visões, como se estivessem literalmente próximos.

A percepção de imagens acontece mais com pessoas que possuem algum grau de paranormalidade ou mediunidade visual.

Uma experiência de regressão de memória

No nível 3-A, aprende-se a fazer a regressão de memória com a utilização do Reiki. Veja um caso de regressão feita por uma aluna em sua filha.

> Gostaria de relatar uma experiência que me ocorreu. Há dois fins de semana, minha filha de 13 anos, conversando comigo, perguntou-me por que, quando ela ouve música em seu quarto, uma determinada música, ela se sente em outro lugar. Ela me disse que tem a visão de outro lugar e se vê como outra pessoa, na companhia de alguém que ela não sabe quem é. Eu respondi a ela que talvez ela tivesse tido uma experiência de regressão a uma vida anterior. Perguntei se ela sentia medo, e ela me respondeu que não. Comentei com ela que talvez ela tivesse certa facilidade em fazer regressão de memória.
>
> Após ter estudado a apostila do Usui 3-A, observei a técnica de regressão com o uso dos símbolos, perguntei se ela queria tentar e ela concordou. Então, procedi a energização, determinando a abertura do portal do tempo, para que ela pudesse fazer a regressão e visualizasse com mais clareza esses momentos que ela já havia vivenciado sozinha. Procedi da maneira como foi ensinado e a energizei, dizendo palavras relaxantes, sem direcionar nada, nem situações, nem cores, ambientes ou pessoas. Ela me respondeu que conseguiu ver duas situações de vidas anteriores distintas, parecendo que a visão mostrava dois momentos importantes dessas duas vidas. Foi um sucesso e ela também gostou muito.

Comentário: Esse depoimento refere-se à técnica de regressão de memória ensinada somente no nível 3-A do curso de Reiki. A regressão de memória deve ser feita com cautela, considerando que vivenciar situações do passado sem a devida orientação durante a regressão pode acabar não sendo positivo e causar sofrimento no paciente.

Por isso tive o cuidado de colocar na técnica ensinada na apostila 3-A todos os passos e orientações, inclusive para que o paciente reveja as cenas de vidas passadas sem sofrimento. O reikiano deve utilizar o Reiki para curar o trauma, no tempo pregresso, revivido no momento da regressão.

Essa técnica tem a ver com procedimentos utilizados por muitos terapeutas de regressão de memória, mas os símbolos do Reiki, além de ajudar no relaxamento e na proteção, atuam na cura dos problemas acontecidos no passado desta vida ou das vidas pregressas.

Ressalto que o Reiki, conforme ensinado nos cursos de Usui 2 e de Karuna, pode tratar traumas do passado e de outras vidas sem a necessidade de regressão de memória, ou que a pessoa reviva esses momentos traumáticos.

O importante é detectar a causa do problema acontecido naquele tempo e recorrer ao Reiki para obter a sua cura, como é ensinado na técnica de regressão de memória, ou enviar o Reiki para o passado, curando o trauma oriundo da situação emocional pregressa.

O reikiano pode trabalhar a cura do passado sem a regressão, visto que o Reiki vai ao passado e procede a cura do problema, mesmo quando não se sabe qual o problema ou a época do acontecimento. Isso é muito importante, uma vez que nem todas as pessoas conseguem ser hipnotizadas para a regressão de memória.

Usando várias ferramentas do Reiki

Assim como há reikianos que utilizam uma única técnica de sua preferência, outros utilizam as diversas possibilidades do Reiki a fim de alcançar o sucesso. Assim contou uma aluna.

> Estou muito feliz com os resultados que tenho obtido através do Reiki. Faço uso do caderno e das aplicações presencial e a distância quando sou solicitada, pois não uso o Reiki como profissão, somente como doação. O Reiki é uma energia maravilhosa que nos traz muitos benefícios, mudanças de atitudes, mais compaixão e amor pelos semelhantes de todos os reinos. Depois que me sintonizei no Reiki, sinto aversão por carne! Sinto náuseas só de olhar ou pensar. Antes comia pouco, sentindo certa culpa, mas mesmo assim consumia. Enfim, creio que quanto mais pessoas forem sintonizadas nessa energia, com certeza absoluta, mais reinará no mundo a paz e o amor! Mesmo que a pessoa não pratique, a energia em si trabalha e transforma o reikiano num ser humano mais amoroso e fraternal.

Comentário: Nesse depoimento se vê o êxito que a aluna vem obtendo com o Reiki, com as aplicações presenciais e com o envio a distância, além da técnica do caderno de pedidos.

Cada ferramenta do Reiki possibilita um tipo de atuação, e é muito bom ter o caderno e também a caixa de pedidos, pois, assim, pode-se atuar em muitas frentes, pois os reikianos recebem muitos pedidos.

Outro aspecto importante do relato diz respeito ao fato de a reikiana não estar mais conseguindo comer carne e destacar a transformação ocorrida após ter se tornado reikiana.

Tenho dito que o reikiano se transforma, tornando-se outra pessoa. Pode ser que a princípio nem note claramente essa mudança. Com o tempo, perceberá que muitos hábitos foram mudados e antigos conceitos de vida deixaram de existir, sendo substituídos por novos conceitos mais elevados espiritualmente. Por conta disso, sempre digo que, além de infindáveis benefícios, o Reiki contribui decisivamente para a melhoria e a elevação espiritual.

Sobre comer carne, digo que é um hábito milenar do homem, portanto, não defendo que o reikiano deva parar de comer, pois precisa de seu teor proteico. A não ser, como no caso da reikiana, que tenha ocorrido rejeição natural pelo organismo.

Cura de dor

Uma aluna passou a combater uma dor muito forte com o Reiki. Veja a seguinte narrativa.

> Eu aplico o Reiki a qualquer hora e, como já lhe disse uma vez, aplico sobre a nevralgia do trigêmeo que eu tenho, toda vez que sinto que a dor vai começar. Não importa o local em que eu esteja, sempre aplico

> o Reiki e começo a sentir a melhora. O meu rosto começa a ficar adormecido até a crise passar. Quando fui sintonizada pela primeira vez, tinha dúvidas sobre a eficácia do Reiki, mas torci o pé e apliquei o Reiki; vi logo o resultado positivo.

Comentário: Esse depoimento destaca um ponto interessante, o momento de começar a atuar com o Reiki. Especialmente no caso de dor, é importante que se atue tão logo surjam os primeiros sintomas.

Com a utilização do Reiki logo no início, como orientei a aluna quando me contou o seu problema, ela se livrou da dor que vinha aterrorizando sua vida. Após ter se tornado reikiana e aplicar o Reiki no local da dor, ela não tem sofrido mais. Isso é mesmo maravilhoso. O Reiki é fantástico.

Ajuda a uma reikiana grávida

Eu e os meus alunos sempre enviamos Reiki para todos os que nos pedem. Houve um caso preocupante de uma aluna que estava grávida e passou por forte limpeza energética na sintonização. Preocupado com ela, pedi aos meus alunos que lhe enviassem Reiki. Solicitei também a ajuda dos amigos do plano astral durante minhas orações. O resultado foi surpreendente. Veja a narrativa dela.

> Venho compartilhar a experiência pela qual passei enquanto dormia. Sonhei que estava num hospital muito bonito e moderno, onde predominava a cor

branca. Lembro-me de que estava num prédio, era noite e havia uma brisa muito agradável. Fui examinada por várias pessoas, entre elas uma senhora de idade com olhos muito bondosos. Tocaram-me diversas vezes com cuidado especial pela minha gravidez. Lembro-me até de ter feito uma espécie de ecografia! No entanto, o que mais me chamou a atenção foi o fato de que, desde antes da sintonização, estava sofrendo de um mal-estar intestinal muito forte. Cheguei a solicitar o auxílio dos amigos reikianos e do mestre, porque não aguentava mais. Desde então, houve dias em que me sentia um pouco melhor; outros, um pouco pior, mas continuava com o mal-estar. Nessa noite, durante o sono, a equipe examinou muito o meu abdômen, e a senhora de olhos bondosos me disse a seguinte frase: "É o fígado! Ele está bem aumentado, sintam!" e levou a mão das outras duas pessoas que a acompanhavam até o local. Eu estava apavorada, senti que tocavam algo dentro de mim e baixei os olhos para olhar. Qual não foi minha surpresa quando vi que as mãos deles atravessavam meu corpo! Eu não via os órgãos internos, mas via o meu corpo um pouco transparente.

Lembro-me de ter ficado bem surpresa. Ouvi a senhora dizer que precisava "tratar" aquilo. Depois de um tempo, me lembro de estar lá no hospital me recuperando. E ouvi: "Você está bem". Acordei muito bem-disposta, cheia de energia e sem nenhum sintoma de mal-estar intestinal! Nenhum! Amigos, vocês não tem noção de como me encontrava mal e de como me encontro agora! Há dias não me sentia bem! Infelizmente, na maioria das vezes, só damos valor à nossa saúde quando ela nos falta! No plano físico, nunca tive nenhuma patologia associada ao fígado, mas não tenho dúvidas de que recebi tratamento para o meu problema. Ao acordar, me lembrava do hospital, da senhora, mas não do que ela havia dito. Quando cheguei ao trabalho, abri uma página da internet que continha bem grande a palavra "fígado"; a situação toda voltou à minha mente. Palavra por palavra.

Comentário: Esse depoimento me causou grande alegria, pois a aluna estava passando por forte limpeza energética. Isso acontece nos locais onde existem mais nódulos de energia densa (o Reiki atua dissolvendo nódulos energéticos nas sintonizações e nas aplicações). Embora essa limpeza fosse necessária e bem útil, eu me preocupei pelo fato de ela estar grávida.

Eu sempre faço orações espontâneas ao aplicar o Reiki. Preocupado com a situação da aluna, pedi ao Arcanjo Miguel e ao Arcanjo Gabriel que cuidassem dela e ajudassem a minimizar os efeitos da dissolução dos nódulos. Eu sei que essa ajuda acontece sempre que pedimos, como ocorre na atuação do Reiki.

A narrativa dela não deixa dúvidas de que ela foi tratada, num hospital localizado em outro plano, por seres com um conhecimento muito além da ciência terrena. Com esse tratamento, minha aluna acordou sem nenhum sintoma intestinal.

É sempre positivo que façamos orações ao aplicar a energia do Reiki. Pedir ajuda, de acordo com a crença de cada um, é muito benéfico. Numa canalização, o Arcanjo Miguel disse que ele e a legião de anjos estão prontos para ajudar, mas as pessoas se esquecem de pedir. Então, peçam e receberão ajuda sempre. Eu peço sempre a Jesus, Mãe Maria, Saint Germain, Kuan-Yin, Arcanjo Miguel, Arcanjo Gabriel, quando faço as sintonizações e quando aplico Reiki.

Transcorrido o tempo normal da gravidez, o bebê dessa aluna nasceu perfeitamente saudável.

Intuindo ajuda espiritual

Após cada sintonização, o iniciado pode sofrer algum tipo de limpeza energética. A sintonização propicia, de modo mais intenso, as eliminações de nódulos energéticos e gera, consequentemente, alguns efeitos no iniciado. Assim conta uma aluna.

> Em primeiro lugar, quero dizer que depois da sintonização – dois dias depois –, eu passei a ter dores pelo corpo todo e a sentir muito sono. Como foi dito que haveria uma limpeza energética, comecei a fazer a autoaplicação enquanto trabalhava. Comecei a fazer aquela que a gente coloca as mãos na cabeça. Conforme fui aplicando o Reiki, comecei a sentir umas vibrações na cabeça e a intuir que seres espirituais estavam me ajudando. Não senti medo algum e continuei a autoaplicação. Senti formigamento no corpo e, principalmente, na perna esquerda. Depois de algum tempo, tive a percepção de que iria receber tratamen-

to em horários diferentes e que eu ia melhorar. E que eu nem ia perceber. Estou melhorando dia após dia.

Comentário: Os sintomas sentidos por essa aluna são de limpeza energética em função da sintonização de Reiki. Isso quer dizer que nódulos energéticos estão sendo dissolvidos. Isso é ótimo sinal, pois evidencia que existiam muitos nódulos a serem dissolvidos, razão pela qual a iniciada vinha sentindo os efeitos de modo perceptíveis.

É importante a autoaplicação nos dias posteriores a cada sintonização. Na verdade, o ideal é fazê-la sempre, porque as aplicações de Reiki também agem, embora de modo mais brando, dissolvendo os nódulos energéticos que surgem diariamente por causa de pensamentos, sentimentos e atitudes negativas.

A vibração e o formigamento sentidos pela aluna têm a ver com o fluir da energia e sua atuação positiva nos corpos físico, etéreo, mental, emocional e espiritual.

As mensagens recebidas são decorrentes de sua intuição, que está sendo ampliada a cada nova sintonização. Essa ampliação permite também a captação de mensagens do mundo astral, de seres que se fazem presentes para ajudar.

Luz violeta

Tenho recebido muitos depoimentos de alunos que veem luzes de diversas cores durante as sintonizações. Há quem veja luzes também durante a aplicação de Reiki, como mostra o seguinte depoimento.

> A minha insegurança em saber se teria ou não sido sintonizado passou. À noite, quando estava fazendo a autoaplicação na cabeça, visualizei uma luz violeta em frente ao meu rosto. Coloquei uma mão sobre o chakra frontal e a outra na nuca, e a luz violeta aumentou de tamanho. Primeiro era como uma bola pequena, depois aumentou e quase cobriu todo meu campo de visão. Gostei da sensação. Foi como se entrasse na nuvem violeta e me sentisse abraçado e seguro. Como se houvesse somente amor naquele momento.

Comentário: Esse meu aluno sentiu-se inseguro quanto a ter ou não sido corretamente sintonizado. Contudo, após a sintonização, ele me contou que havia sentido vários sintomas, entre os quais: calor e suor nas mãos, frio no corpo, sensação atemporal, de estar em outro local, de flutuar no espaço etc.

Esses e outros sintomas têm sido reportados por muitos dos meus alunos na hora da sintonização, o que evidencia que a sintonização de fato ocorreu plenamente. Mesmo que não tivesse nenhum desses sintomas, a sintonização teria ocorrido com a mesma qualidade, porque não é premissa da sintonização, necessariamente, vivenciar algo extraordinário.

De qualquer maneira, a segurança dele veio quando realizou a autoaplicação, momento em que visualizou a luz violeta, que aumentou de tamanho após a aplicação de Reiki sobre o chakra frontal e na nuca. A luz, então, cobriu o seu campo de visão, e lhe trouxe a bela sensação de ser abraçado por um maravilhoso amor.

Embora também não seja premissa a vivência de experiências atípicas durante a aplicação de Reiki, alguns reikianos têm testemunhado a visão de cores. E muitos visualizam a energia de cor violeta em suas aplicações. Essa é a energia da transmutação, da cura. Relaciona-se diretamente ao chakra coronário, por onde a energia *Rei* entra para juntar-se, no chakra cardíaco, à energia *Ki* do reikiano, transformando-se, então, no Reiki, que passa a fluir de suas mãos.

Vendo a energia chegar ao local tratado

No depoimento a seguir, uma aluna reikiana conta que visualizou a energia chegando ao local do problema.

> Eu realizei uma sessão de Reiki numa pessoa que tem muitos problemas de depressão. Coloquei as mãos nas posições 2 e 3 da sua cabeça, e ela sentiu a cabeça mais leve, embora ficasse com a sensação de que precisasse fazer uma limpeza espiritual mais profunda, talvez, uma regressão. Passado pouco tempo, ela começou a sentir dor num dente que havia sido restaurado no dia anterior. Comecei a fazer Reiki, mas desta vez visualizando o dente restaurado. Eu via perfeitamente a energia entrando na gengiva inflamada, enquanto a paciente dizia sentir essa parte do rosto dormente. Passados 2 ou 3 minutos, ela deixou de ter qualquer dor. Sinto que os efeitos do Reiki são mais rápidos quando se visualiza a parte do corpo lesada que quando se faz a

aplicação com os olhos fechados, tentando captar a energia divina mentalmente.

Comentário: Com relação à depressão, tal como se aprende no curso Usui 1, as posições ideais são (cabeça 2 e 3, frente 1 e 3 e costas 1, 2 e 3). É sempre bom se deter um pouco mais no chakra umbilical, devido à sua correlação com o emocional. Outras aplicações do Reiki também são importantes, como se poderá ver mais à frente neste livro, quando comento especificamente sobre como atuar com o Reiki no caso de depressão. A depressão e a síndrome do pânico estão relacionadas, em grande escala, a ataques espirituais nefastos.

A limpeza de energias densas do corpo etéreo, como a técnica de regressão de memória com a ajuda do Reiki, é ensinada no nível 3-A. A técnica de regressão de memória dá resultados mais rápidos se a origem do problema se encontra no passado. A técnica é válida para as pessoas que querem e podem ser tratadas com a regressão de memória.

Sobre a visualização, tenho sugerido aos alunos que mantenham os olhos fechados enquanto aplicam o Reiki, porque, se os olhos permanecerem abertos, muita energia é irradiada pelo olhar, reduzindo o fluxo nas mãos.

Ainda que olhos estejam fechados, deve-se mentalizar o local da aplicação, assim como a intenção (o objetivo) da aplicação, pois isso fortalece a energia.

Como a energia do Reiki é irradiada também pelos olhos, o reikiano também pode ficar com os olhos abertos se olhar exatamente para o local da aplicação, como aconteceu no depoimento acima com pleno êxito. Se o envio for a distância, os olhos deverão ficar fechados.

Vendo intuitivamente

Uma das muitas consequências positivas de se tornar reikiano é a ampliação da intuição. Uma aluna me contou.

> Minha intuição está muito aguçada, parece que sei exatamente que atitudes as pessoas vão tomar. Eu consigo diferenciar intuitivamente as pessoas sinceras daquelas que não agem honestamente comigo, e isso me assusta um pouco. Agradeço imensamente por estar aprendendo o Reiki cada dia mais.

Comentário: A questão da intuição aflorada tem ligação com as sintonizações de Reiki. A cada nova sintonização nos vários níveis, a aura expande, causando também a expansão da consciência e a ampliação da intuição, já que o nível vibracional sobe para os chakras superiores.

Apesar de assustar, a intuição aflorada é algo muito especial e necessário em todas as circunstâncias, pois a intuição mostra com clareza algo que não teríamos como saber usando somente os nossos sentidos normais.

Com as sintonizações, o reikiano passa a exercer suas faculdades divinas. Segundo consta na Bíblia, todos foram criados à imagem e semelhança de Deus, e, portanto, apresentam a centelha divina em si. O Reiki proporciona a retomada da conexão do homem com sua essência divina interior. Essa sabedoria divina se manifesta na intuição.

Reencarnação

No depoimento abaixo, uma mãe agradece pela ajuda que dei à sua filha com o envio da energia do Reiki e conta a nova visão que passou a ter sobre a reencarnação.

> Minha filha está se recuperando lentamente do estresse pós-traumático que têm há 11 anos. O seu Reiki ajudou muito. Ela está sem medicamentos há 7 meses. A morte do irmão abriu novamente a ferida, agora muito dolorida, pela profunda ligação existente entre os dois. Ela está muito agitada. Li seus livros que falam sobre reencarnação. Não acreditava antes, mas recebi, no velório do meu menino, uma mensagem mediúnica de uma senhora desconhecida e sonhei na semana passada com minha filha com um lindo nenê no colo. Quando olhei para a criança, era o meu filho adulto repetindo uma frase que dizia quando era criança. Estou lhe contando porque li sobre sonhos em seus livros. A mensagem falava sobre meu filho retornando como meu neto. Agora acredito em reencarnação. Você, Moacir, me ajudou muito com o Reiki e com seus livros.

Comentário: As mensagens recebidas no velório e depois em sonho são claras e mostram realmente a bondade divina dando a saber a uma mãe que o seu filho falecido voltará como seu neto.

A reencarnação tem religado as pessoas, através do amor que as une, e dos vínculos kármicos. Muitas vezes, tudo acontece sem que as pessoas saibam, pois, na maioria dos casos, é melhor mesmo não se ter consciência, especialmente quando a religação, pela reencarnação, acontece em consequência de débitos kármicos.

No depoimento lido, a religação acontece por puro amor entre mãe e filho e no futuro entre avó e neto. A reencarnação é a prova concreta do amor e da justiça de Deus. Se não houvesse a reencarnação, se a vida fosse única, provavelmente, eu seria ateu. Não teria como aceitar a justiça divina se não houvesse os renascimentos.

É sempre uma grande alegria como reikiano ter podido ajudar a filha dela e ainda, por intermédios dos meus livros, dado um pouco de alento e compreensão a uma mãe que havia perdido "temporariamente" o filho.

Regressão espontânea a outra vida

Com o Reiki, especialmente no nível 3-A, aprende-se a realizar a regressão de memória. A regressão, contudo, pode acontecer de modo espontâneo quando se faz a aplicação de Reiki. Assim contou uma aluna.

> Quando aplicava o Zonar para cura kármica de um problema que tenho, regredi a uma de minhas encarnações passadas. Vi que eu era um homem, comerciante de escravos e bem gordo. Na hora de alimentar os escravos, eu servia pouca comida. Quando aplicava o Reiki Karuna, vi o símbolo Zonar em cada um dos pratos dos escravos que eu servia. Também pedi ao Arcanjo Gabriel para me dar o conhecimento da cura e o vi atrás de mim quando servia os pratos. Sei que vou ser atendida.

Comentário: Esse depoimento evidencia a atuação do símbolo do Karuna, o Zonar, numa de suas importantes funções. Ele atua na superação kármica e, muitas vezes, estimula a lembrança de cenas de vidas anteriores, em regressão ou em sonho, para ajudar no processo de superação kármica e de traumas do passado.

A narrativa da reikiana comprova ainda o que eu tenho dito aos alunos nos cursos de Reiki: ao se tornar reikiano e a cada nova iniciação (sintonização), a intuição vai se expandindo e, logicamente, a clarividência ou algum outro dom mediúnico também tendem a se potencializar.

Neste tempo de aceleração terrena para a chegada da nova era, torna-se muito importante trabalhar a superação dos karmas. Isso é possível com atitudes altruístas, pois o amor cura o karma, e também, com a ajuda do Reiki, como se aprende nos cursos de Reiki Usui e Karuna.

Cura da tireoide na sintonização

A grande quantidade de energia recebida pelo iniciado na hora da sintonização torna esse momento uma verdadeira sessão de cura. Veja o que diz uma aluna.

> No último exame da tireoide, que faço para controle da medicação e acompanhamento médico, os nódulos que estavam junto à glândula não apareceram. Isso aconteceu logo após as duas sintonizações realizadas com o senhor. Eterno agradecimento.

Comentário: As sintonizações de Reiki, além de permitirem o desbloqueio dos chakras e o fluir da energia pelas mãos dos reikianos, possibilitam a limpeza energética, dissolvendo muitos nódulos formados por energias densas.

Desse modo, a energia volta a circular livremente nos dutos energéticos do corpo físico e dos corpos sutis, permitindo o restabelecimento da saúde em partes até então comprometidas.

Muitas curas, inclusive físicas, como visto no depoimento da reikiana, podem acontecer durante as sintonizações, da mesma maneira que acontecem com as aplicações regulares, pois a energia divina do Reiki atua, especialmente, com a finalidade de dissolver nódulos energéticos, gerando, por conseguinte, a cura de problemas físicos ou ligados aos corpos: etéreo, mental, emocional e espiritual.

Reiki pelo olhar

A intenção de enviar Reiki produz uma energia miraculosa, como podemos ver no seguinte depoimento.

> Gostaria de relatar algo entre os inúmeros fatos benéficos do Reiki em minha vida. Meu irmão vinha, há dias, sofrendo com problemas no sono. Não conseguia dormir à noite e no dia seguinte ficava muito mal-humorado. Eu disse a ele que poderia ser um problema espiritual, mas ele não entende o que é o Reiki. Para ele, somente pessoas especiais são capazes de orar por outros e obter resultado. Eu lhe pedi per-

missão para lhe enviar Reiki, mas ele só olhou para mim e sorriu, dando a entender que não iria adiantar. Mas, mestre, parece que só o fato de eu me imaginar aplicando Reiki nele, enquanto conversávamos foi o suficiente, pois, no dia seguinte, ele me contou que dormira otimamente bem e, depois disso, passou vários dias bem. O Reiki tem sido uma bênção em minha vida, tenho me sentido melhor, tenho conseguido me controlar em momentos difíceis. O Reiki tem me transformado numa pessoa melhor. Todos os dias, eu agradeço a Deus por essa oportunidade em minha vida. Obrigada a você também, mestre, por ter sido o canal que me levou ao caminho do Reiki.

Comentário: A experiência dessa reikiana, de ter olhado para o irmão com o desejo de enviar Reiki, e o efeito ter acontecido como se efetivamente tivesse realizado a aplicação, está relacionada ao fato de muitos reikianos constatarem o envio do Reiki pelo olhar.

O Reiki normalmente sai pelo centro das mãos e das pontas dos dedos. Com o tempo, muitos reikianos passam a enviar o Reiki ao olhar para uma pessoa e desejar enviá-lo.

Ainda que o Reiki precise ser aplicado presencialmente ou enviado a distância, como ensinado nos cursos, o reikiano precisa olhar o outro sempre com amor, considerando que o seu olhar agora tem a energia divina do amor cósmico, o que eleva ainda mais a sua responsabilidade enquanto regenerador planetário.

Sabor ao aplicar o Reiki

Ao aplicar o Reiki, o reikiano pode não ter nenhuma sensação, a não ser sentir as mãos mais quentes ou receber *insights*. Há quem consiga enxergar, com os olhos do espírito, algumas luzes de cores diversas. E há casos mais raros, como este da aluna que sente sabor ao aplicar o Reiki.

> Gostaria de relatar algo que aconteceu diversas vezes e que acho interessante. Ao enviar energias de Reiki para diversas pessoas que me pedem, faço primeiro a minha proteção, procedo conforme me foi ensinado. Ao enviar a energia, visualizo a chama violeta e peço sua ajuda. Sinto minhas mãos energizadas e formigando, mas também sinto sabores diferentes em minha boca. Há vezes em que me dói momentaneamente o braço ou o pulso. Logo a dor passa, mas sinto gostos na minha boca sem ter ingerido nada no momento. É interessante. Mas logo os gostos vão embora também.

Comentário: A reikiana está correta ao fazer a proteção dos chakras antes de enviar a energia do Reiki. Mesmo assim, alguns efeitos energéticos do paciente podem chegar a ela, pois o reikiano entra em contato com o campo áurico do seu paciente. Esses efeitos energéticos negativos são sempre minimizados com a proteção dos chakras. O contato com o campo energético do paciente pode ser a causa de ela estar sentindo dor no braço e no pulso algumas vezes. Por causa da proteção, a dor tem passado rapidamente.

A utilização da chama violeta durante a aplicação potencializa certamente os efeitos. Sempre que estou enviando Reiki gosto de referir-me à chama violeta em minhas orações. Algumas dessas orações acabaram por se tornar orações/poesias e foram incluídas no meu livro *Dias Azuis*.

A sensação das mãos energizadas e formigando significa que a energia do Reiki está saindo através delas. O formigamento nas mãos não é sentido pela maioria dos reikianos; o mais comum é o reikiano sentir o aumento da temperatura nas mãos ao aplicar o Reiki, seja presencial ou a distância.

O fato de a reikiana sentir sabores durante a aplicação do Reiki é bem interessante e acredito que seja mais raro. Já ouvi depoimentos de reikianos que diziam sentir aromas, especialmente de flores ou até mesmo desconhecidos, mas sabor é bem peculiar e incomum. Vale, contudo, o registro do fato neste livro, pois outros reikianos podem estar vivenciando algo parecido.

Aplicando Reiki em viagem astral

Na experiência relatada a seguir, uma reikiana em desdobramento vai a outra cidade e aplica o Reiki em sua irmã.

> No sonho, eu me vi na casa de minha irmã, que mora em outra cidade. Ela vem sofrendo de dores no corpo sem explicação médica. Apliquei nela as energias do Reiki Karuna com ênfase na energia do Zonar e vi uma estranha energia densa saindo de seu corpo. No

> dia seguinte, entrei em contato com a minha irmã e ela me disse que estava sem dor.

Comentário: Essa ocorrência não deixa dúvidas de que a reikiana esteve, em viagem astral, no local em que reside sua irmã, com a missão de aplicar Reiki nela (de uma forma presencial), só que em outra dimensão.

Podemos aplicar o Reiki quando fazemos viagens astrais, quando saímos do corpo. Por diversas vezes vivi a experiência de estar fora do corpo, razão pela qual sei exatamente a cor da energia do Reiki que sai das mãos dos reikianos: dourada.

Na aplicação do Reiki, a aluna priorizou o Zonar (símbolo do Karuna 1). Tal escolha não foi por acaso, houve certamente uma intenção clara do Eu Espiritual da reikiana, considerando que o Zonar age profundamente no nível celular, buscando a origem do problema, seja ele no corpo físico ou nos corpos mais sutis.

Belíssima essa experiência astral com atuação do Reiki, especialmente porque a irmã da reikiana sentiu alívio da dor, o que evidencia que a energia densa foi dissolvida.

Esquecendo de fazer a proteção dos chakras

Um exemplo importante foi dado por uma reikiana que se esqueceu de fazer a proteção dos chakras antes de realizar a aplicação do Reiki. Veja o que ela conta.

> Acho que devemos compartilhar o que acontece de bom e o que acontece de errado conosco. Pois bem, já

lhe contei sobre minha necessidade de usar o Choku-rei para afastar maus pensamentos (o que foi muito bom). Mas fiz uma coisa errada, apliquei o Reiki em meu marido sem ter feito a proteção dos chakras. Ele estava sentindo muita mágoa e angústia por causa de seu irmão, que tem causado transtornos ao pai. O resultado foi que eu não consegui dormir à noite, sentindo grande mágoa do meu cunhado corroendo-me a alma (o que não estava acontecendo antes de ter aplicado Reiki). Sei que aprendemos com os erros. A principal lição disso tudo é que sei que preciso ter mais respeito pelas suas orientações e pela terapia, que não é para se brincar nem para ter seus efeitos subestimados. O meu marido ficou sem os sentimentos negativos e eu passei a senti-los. Noutro dia, fiz a aplicação com a devida proteção e não senti nada negativo.

Comentário: A reikiana mostra os efeitos positivos do Reiki e, também, a contaminação energética que pode ocorrer quando o reikiano não faz a proteção dos chakras ensinada nos cursos. Assim, ela acabou sentindo exatamente o que o paciente vinha sentindo, pois, não tendo feito a proteção dos chakras antes de aplicar o Reiki, captou a energia dos sentimentos negativos do marido. Por isso, é importante fazer sempre a proteção antes de aplicar Reiki em outra pessoa.

O reikiano não deve ficar preocupado demais com essa contaminação, achando que isso acontece somente no caso de aplicar o Reiki. Todo o tempo estamos sofrendo influências energéticas das outras pessoas e do ambiente. É por isso que, algumas vezes, em contato com algumas pessoas ou com algum ambiente, nós nos sentimos mal, bocejamos e nos sentindo desanimados. Quando isso ocorre, fica evidenciado que fomos contaminados pela energia de alguém ou de um ambiente. Podemos sofrer também com o que é conhecido como vampirismo energético, que acontece mais comumente pelo chakra do plexo solar, quando alguém consciente ou inconscientemente suga a nossa energia.

Destaco a importância de se fazer a proteção dos chakras sempre pela manhã ou antes de sair de casa e também antes de todas as aplicações de Reiki, quer presencial, quer a distância, realizadas em outras pessoas, mesmo no caso de serem parentes.

Com essa medida, estaremos protegidos quase que totalmente do vampirismo energético e de influências energéticas negativas no contato diário com as pessoas e na aplicação do Reiki.

No caso narrado, o paciente, após receber a energia do Reiki, deixou de ter os sentimentos negativos, pois o Reiki transmutou seus pensamentos/sentimentos ao elevar seu nível vibracional.

A reikiana, acertadamente, passou a fazer a proteção dos chakras, não sendo mais contaminada energeticamente, visto que não sentiu nada negativo ao realizar as aplicações de Reiki.

Visão ampliada

Conforme o depoimento a seguir, alguns reikianos passam a ter uma visão interdimensional.

> Tudo isso é louco demais para minha mente racional, mas estou tendo visões especiais. Ontem mesmo, chamei minha esposa para ver o brilho intenso de algumas estrelas, e ela me disse que estavam normais, porém tenho certeza de que brilhavam além da "normalidade". Outro fato curioso aconteceu quando entrei na fábrica em que trabalho. Quando adentrei pelo portão principal, minha visão ficou extremamente nítida e vi as cores com muita intensidade, como numa televisão de alta definição. Achei até que fosse desmaiar.

Outra aluna sintonizada no Reiki, e que reside em Portugal, vem passando por experiências parecidas. Assim ela me contou:

> Parece que estou vendo paisagens noutras dimensões, vendo a energia que as plantas emanam, por exemplo. Também vejo luzes cintilantes quando olho para o céu.

Comentário: A cada nova sintonização, a percepção do reikiano vai se intensificando, permitindo que ele veja "com os olhos do espírito" (chakra frontal) e com sabedoria intuitiva.

Portanto, esses depoimentos, e outras experiências narradas por alunos, são perfeitamente normais diante da nova percepção dos reikianos. Outra aluna me contou que cotidianamente tem acesso a outras dimensões, não somente através de viagens astrais, mas também durante o dia, como se acessasse simultaneamente duas dimensões.

Entendo que isso é muito positivo, desde que não aconteça sempre e a todo o momento, uma vez que poderia atrapalhar as atividades profissionais e familiares. Poderá ser necessária a realização de aterramento, como se aprende nos cursos de Reiki, caso esses fenômenos estejam acontecendo com muita frequência, especialmente nos locais de atividades profissionais.

De toda forma, é bom destacar que esses fenômenos são comuns, considerando que o Reiki promove um processo de elevação perceptiva e espiritual. Esse processo, vale ser dito, não leva tanto a visualizações especiais como à intensificação da intuição, fenômeno ocorrido mais regularmente durante as sintonizações do Reiki.

O Reiki ajudando profissionais da área de saúde

São muitos os profissionais da área da saúde que procuram o Reiki para auxiliá-los em suas atividades. Tenho alunos médicos, dentistas, entre outros, que estão usando o Reiki para auxiliar suas atividades. Uma aluna, que é cirurgiã-dentista pediatra, escreveu sobre essa influência positiva do Reiki em seus pacientes.

> Nunca vi algo tão fascinante quanto o uso destes símbolos! É realmente incrível, não conseguiria descrever todas as situações em que os usei com excelentes resultados. Na minha profissão (cirurgiã-dentista pediatra) é muito interessante, porque lido com medo e dor o tempo inteiro e sempre peço para que meu trabalho seja o melhor possível e que a criança com-

preenda o que precisa e deve ser feito. Alguns pacientes fóbicos tiveram comportamento absolutamente normal, outros com um pouco de conversa aceitaram prontamente a intervenção que precisava ser feita. Ontem, uma criança com sérios problemas emocionais (separação dos pais) não me deu o menor trabalho. Eu havia utilizado a técnica da redução para que ela aceitasse ser anestesiada. Foi inacreditável!

Comentário: É importante praticar sempre, fazer as aplicações indicadas pelas técnicas e também as que a intuição do reikiano indicar e, depois, avaliar os resultados.

É evidente que existem situações mais complexas que precisam de aplicações constantes para a obtenção dos resultados, mas é certo que o reikiano deve insistir e continuar aplicando o Reiki. Lembro que a primeira mulher a se tornar reikiana e mestre de Reiki foi curada de câncer depois de ser tratada com o Reiki por quatro meses.

Muitas vezes, os problemas podem estar ligados ao karma. Nesse caso, leva mais tempo para se chegar ao resultado positivo. Temos que trabalhar o karma, visando a sua transmutação, quer aplicando Reiki, e também a chama violeta, quer solicitando ao paciente que mude padrões de pensamento e sentimentos (tornando-os positivos) e passe, ainda, a ter atividades altruístas.

Mas são diversas as situações em que os resultados são percebidos rapidamente e, até mesmo, imediatamente. Assim têm sido os resultados obtidos pela reikiana com crianças atendidas em seu consultório odontológico.

Curando um trauma de 48 anos

Tanto o tratamento feito pelo Reiki quanto as sintonizações atuam dissolvendo nódulos energéticos, inclusive dos corpos sutis. No depoimento a seguir, vemos uma reikiana que, após a sintonização e utilização do Reiki, deixou de sofrer com um trauma emocional acontecido há 48 anos.

> Desde o acidente que aconteceu com minha irmã, há 48 anos, e que a levou à morte, eu tinha muito medo de viajar e, quando pessoas queridas estavam viajando, ficava muito angustiada e com medo.
>
> Quando relatei a experiência da sintonização para você, achava que os mestres estavam trabalhando comigo para curar o trauma. E isso foi confirmado. Meu marido, meu filho e meu sobrinho, que considero um filho, viajaram e pensei que ficaria muito angustiada. Então, mentalmente, enviei um Reiki para eles e, depois disso, meu dia transcorreu com muita paz e alegria. Quando eles chegaram (já de madrugada), eu estava dormindo tranquilamente. Acordei e não briguei com eles. Antes, eu ficava nervosa e se chegassem muito tarde, achava que não tinham consideração (brigava mais por sentir medo de algo negativo acontecer). Na mesma semana, encontrei com uma amiga que é reikiana há muitos anos e ela me disse que estava vendo minha aura e que as cores que me envolviam eram rosa, azul e uma faixa dourada (luz do Reiki).

Comentário: Nesse depoimento, fica evidenciada a concreta dissolução de nódulos energéticos durante as sintonizações de Reiki.

Essa dissolução pode ocorrer nos corpos que compõem o ser, ou seja, físico, etéreo, mental, emocional e espiritual. No nível 1 Usui, a atuação é mais no corpo físico; no nível 2 Usui, ocorre muito mais nos corpos mental e emocional e no nível 3-A, no corpo espiritual.

Certamente, o nódulo energético, há tanto tempo formado, estava no corpo emocional da reikiana, por causa do acidente que gerou o intenso trauma, revivido sempre que algum parente ou a própria reikiana viajavam.

A reikiana vivenciou durante a sintonização lembranças desse acidente; naquele momento, os nódulos estavam sendo rompidos e a reikiana estava sendo libertada das consequências do trauma.

Diante da grande carga de energia recebida durante as sintonizações, sempre acontecem curas ligadas aos diversos corpos, visto que a sintonização, além de formar um reikiano, também atua como uma grande e poderosa sessão de cura. Assim, com a sintonização do nível 1, a reikiana foi curada de um trauma que há tantos anos lhe trazia sofrimento.

Sobre as cores da aura, tenho a dizer que, a cada nova sintonização, a aura do reikiano vai se transformando, expandindo-se, tornando-se mais brilhantes e com cores positivas.

O Reiki ajudando a um palestrante

Os benefícios do Reiki são inúmeros e podem ajudar os reikianos em todas as suas atividades profissionais. No caso a seguir, as orientações pedidas ao Reiki foram mostradas em sonho.

> Já comentei com você sobre a questão dos sonhos que venho tendo depois que comecei a fazer uso do Reiki. Eu tinha uma palestra importantíssima para fazer sobre um tema com o qual nunca tinha trabalhado anteriormente. Mas aceitei o desafio. Alguns dias antes da palestra, usei a técnica do envio de energia e na noite anterior antes de dormir fiz a autoaplicação. Adormeci e só acordei na manhã seguinte, às 6 horas. Durante o sono, sonhei que estava na sala dando a palestra. O mais interessante é que pude ver as pessoas que efetivamente compareceram à palestra no dia seguinte, pelo menos a maioria delas. Durante o sonho, tive algumas orientações sobre o conteúdo e sobre o público. Procurei agir como indicado no sonho e o resultado foi um sucesso. Muitos aplausos e reconhecimentos. Minha vida está sendo bem mais tranquila; o Reiki está me ajudando a entender e a aceitar muitas coisas que antes eu não aceitava e não entendia.

Comentário: O reikiano enviou energia ao dia da palestra algum tempo antes. Esse procedimento é correto, pois, quando se envia energia ao futuro, ela fica armazenada como se fosse uma bateria e flui exatamente na hora certa.

Na noite anterior à palestra, o reikiano fez a autoaplicação e teve um sono profundo. Sonhou com a palestra e viu pessoas, que, comprovou, depois, estavam de fato na plateia. Entendo que essa experiência foi uma projeção astral do futuro. O reikiano também foi orientado sobre como agir com o público e sobre o conteúdo da palestra.

Vale ser dito que o Reiki age de muitas formas, visando à obtenção daquilo que necessitamos. Quando o reikiano enviou energia para fluir durante a palestra, gerou o sucesso narrado, mas também propiciou o sonho e as orientações necessárias para que o objetivo fosse plenamente alcançado.

Não é o caso desse aluno, que possui a capacidade natural de dar palestras, mas, para quem tem algum bloqueio de falar em público, o Karuna possui símbolos que ajudam a superar esse bloqueio, rompendo o medo que muitos sentem nesses momentos. Ele clareia a mente e coloca a pessoa em condições de fazer ótimas apresentações em público.

O reikiano diz ainda que o Reiki tem contribuído para dias mais tranquilos. O reikiano, de fato, acaba sendo modificado inteiramente, mesmo quando não percebe isso inicialmente. Com o tempo vê que muitos valores interiores foram modificados, já que as sintonizações propiciam a elevação energética, (elevação da gravidade para os chakras superiores), gerando uma percepção diferente da vida e das pessoas, além de uma intuição cada vez mais aflorada. A intuição é a melhor sabedoria que podemos alcançar aqui na Terra. Com ela, podemos saber a verdade e de uma forma mais profunda; podemos discernir sempre o melhor caminho a seguir em todas as situações.

Proteção em terremoto

Até em situação extremamente crítica, o Reiki pode ajudar. Veja o depoimento de uma aluna que sobreviveu ao grande terremoto acontecido no Chile em 2010.

> Na hora do terremoto, houve intenso pânico, gritos de desespero de meus vizinhos, as janelas se quebrando, móveis caindo e saindo do lugar. No apartamento onde moro, graças a Deus, nada aconteceu, nada caiu, nem se moveu ou quebrou. O terremoto foi forte e abalou edifícios ao nosso lado, construídos pela mesma construtora do meu prédio, que nada sofreu. Nos outros, tudo se moveu, caiu, apesar de não haver danos estruturais, pessoas se feriram ou morreram.
>
> O terremoto foi na madrugada de sexta para sábado, pegando desprevenidos os mais jovens em suas baladas. Lembro-me de que antes de dormir, na sexta, umas poucas horas antes do terremoto, sentia uma forte agonia e rezei muito para me acalmar e pedi à Tara verde que enviasse sua proteção poderosa contra os perigos reais e imaginários. Além disso, usei o Chokurei em mim e no apartamento e solicitei a graça e a proteção amorosa de Jesus.
>
> Quando acordei durante o terremoto, não senti medo, apenas via um círculo de cor amarela dourada que girava calmamente em cima da minha cama. Confesso que nesse momento não tinha ideia clara do que estava acontecendo, sabia que a terra tremia, mas não sabia em que proporção. Nem meu cachorro, que é medroso, chorou.

Comentário: Da narrativa feita pela aluna, depreende-se também como é importante a intuição do reikiano, pois ela pressentiu algo estranho ao se deitar, tanto que fez as suas orações e traçou o Chokurei (Reiki Usui) para proteção dela e do apartamento.

Durante o terremoto, a reikiana acordou e visualizou uma luz dourada girando em círculo sobre a sua cama, e não teve medo. A luz dourada é a luz da energia do Reiki vista em outra dimensão. Além disso, a cor dourada é a típica cor/energia de proteção.

E assim, a reikiana e seu apartamento e todo o prédio foram protegidos, porque nada saiu do lugar, não ocorreu nenhum estrago, enquanto no prédio ao lado, construido pela mesma empresa, tudo se moveu, gerando certamente grande temor em seus ocupantes.

Tenho sempre sugerido aos reikianos que utilizem a proteção diariamente, tanto pela manhã, quanto ao dormir. O reikiano Karuna deve fazer o campo magnético ensinado no Karuna 2, traçar sobre o ambiente também o Rama e o Chokurei.

Quem não tem o Karuna, deve fazer tal como realizado pela reikiana, traçar o Chokurei sobre o ambiente em que está, se possível sobre cada cômodo, falando o mantra três vezes (pode-se fazer isso estando no quarto e apenas visualizando mentalmente cada ambiente do lar). Também é válido fazer isso visualizando as portas e janelas, selando com a devida proteção todo o ambiente.

O Reiki e a fé

O Reiki não tem ligação com religião e não necessita da fé de quem aplica, nem de quem recebe para surtir o efeito necessário, embora, é claro, em tudo na vida, acreditar, ter fé, sempre ajuda. No depoimento a seguir, vemos o sucesso do Reiki em pessoas que não acreditam.

> Tenho praticado Reiki todos os dias em mim e nos meus familiares. Mesmo que os meus pais e irmão não acreditem no Reiki, eles se sentem melhor depois de receber a energia do Reiki a distância.

Comentário: O Reiki, ainda que esteja ligado à energia espiritual (divina), não está relacionado a nenhuma religião. Vemos muitas pessoas religiosas fazendo essa confusão e por isso costumam não acreditar no Reiki ou não aceitam o tratamento, julgando ser alguma coisa contra a sua religião. Na verdade, o Reiki é uma terapia alternativa, validada pela Organização Mundial da Saúde como terapia integrativa.

No entanto, vale destacar que, ao se tornar reikiano e realizar as aplicações de Reiki, a pessoa melhora muito a sua espiritualidade. A cada nova sintonização, ocorre a elevação do nível vibratório para os chakras superiores, o que leva o reikiano a novas percepções da vida e à vontade de se integrar a uma espiritualidade mais profunda.

Atuação intuitiva para eliminar a dor

De modo geral, a aplicação para a dor física deve ser feita sobre o local, utilizando-se os símbolos do Reiki Usui e/ ou o símbolo do Karuna, que tem a função de analgésico do corpo físico, o Rama. No entanto, o importante é resolver a causa. Veja como uma reikiana atuou intuitivamente nesse sentido.

> Tenho tido resultados maravilhosos com a aplicação do Reiki em meus familiares. Ontem, meu marido estava com muita dor no antebraço e nas costas. Nossa profissão (dentistas) contribui demais pra isso, mas também, no caso dele, o corpo emocional sempre tem problemas. Fiz uma limpeza energética previamente e apliquei a energia nos locais de dor. Parece milagre, mas ao avaliar a dor (de 0 a 10) antes da aplicação, ele estava com nove e hoje acordou com zero! Há seis meses, ele também reclamava muito de dor de cabeça e, infelizmente, tomava cartelas de analgésicos. Fiz três vezes, em momentos distintos, aquela técnica que usamos o chakra coronário para regredir aos momentos traumáticos do passado, curando o trauma. Ele parou de sentir as dores de cabeça, e isso foi involuntário, porque eu não sabia que era essa a causa de suas dores.

Comentário: Essa é mais uma narrativa de sucesso de uma aluna que disciplinadamente faz as aplicações diárias, o que potencializa os resultados que vem obtendo.

Quanto mais Reiki é aplicado, maiores são as chances de os resultados ocorrerem mais rapidamente.

No caso da dor de cabeça do marido, a intuição levou a reikiana a se utilizar de uma técnica ensinada no nível 2 Usui, em que a energia do Reiki é enviada à origem do problema, seja nesta vida ou em existências anteriores.

Com a atuação do Reiki no passado, curou-se a causa e, consequentemente, os efeitos no presente, ou seja, a dor de cabeça que vinha perdurando por seis meses.

Fazendo viagem astral ao aplicar Reiki a distância

Muitos são os casos em que o reikiano, ao aplicar o Reiki a distância, consegue ver o paciente e vice-versa. Um reikiano me contou a seguinte experiência.

> Minha mãe me ligou dizendo que meu pai estava com a região do estômago muito inchada. Como eu estou distante, logo me lembrei da possibilidade de o Reiki ajudar através do envio a distância. Fui até minha sala e usei a técnica da redução para enviar Reiki ao meu pai. O interessante é que eu fiz uma verdadeira viagem astral. Depois de certo tempo de aplicação, eu literalmente me encontrava na casa dos meus pais; vi que meu pai estava deitado no sofá e comecei a aplicar o Reiki na região do estômago. No final, ouvi meu pai dizer que se sentia bem melhor. À noite, minha mãe confirmou por telefone a cor de roupa que ele e ela estavam usando; exatamente as que eu tinha visto ao aplicar o Reiki a distância.

Comentário: Essa experiência lembra muito aquela em que uma reikiana enviou a energia do Reiki Karuna para a irmã em outra cidade. O que difere é que, naquela experiência, tudo ocorreu no plano astral, enquanto o corpo físico dormia.

No depoimento presente, o reikiano encontrava-se consciente, aplicando o Reiki em seu pai a distância, com a utilização da técnica de redução, quando seu corpo astral foi ao local onde estava seu pai. Durante a aplicação, ele pôde ver o local da casa em que estava o pai e as cores das roupas usadas por ele e por sua mãe. Tudo devidamente confirmado posteriormente.

Quando se aplica o Reiki seja presencial ou a distância, o reikiano entra em conexão áurica com o paciente, o que pode explicar as visões que esse reikiano teve. Quando se aplica Reiki, parte da energia doada fica com o reikiano. Desse modo, ao aplicar o Reiki no pai, o reikiano também estava recebendo a energia do Reiki, que, por consequência, provocou a elevação do nível vibracional e de relaxamento, estimulando, talvez, a viagem de seu corpo astral até a casa dos pais.

Usando a técnica do substituto

Para o envio a distância, além da técnica de redução, é possível ainda a utilização da técnica do substituto. Veja o que foi narrado do depoimento a seguir.

> Quero compartilhar com você minha experiência de Reiki a distância. Um colega de trabalho, um profes-

> sor, me disse que estava com dores no estômago e que, após as refeições, sentia dor na boca do estômago. Ele me autorizou o envio do Reiki, me deu o endereço e marquei a hora. Usei a técnica do substituto e enviei. No dia seguinte, ele me falou que tinha melhorado bastante, não estava sentindo tantas dores e me pediu para enviar novamente.

Comentário: A técnica do substituto se resume em fazer a aplicação, tal como se aprende no nível 2 Usui, num objeto correspondente ao paciente (um boneco, por exemplo).

Essa técnica é boa porque se pode colocar as mãos nos lugares correspondentes ao corpo do paciente. Com isso, a reikiana pôde enviar a energia para o estômago do paciente, onde ele sentia muitas dores.

No caso de dor física, além do tratamento Usui, para quem tem o Karuna, é sempre positivo enviar também a energia do símbolo Rama, que age como analgésico físico e também o Halu e Harth para atuarem nas causas dos problemas.

Ataque energético em velório

Em todos os lugares, é preciso fazer proteção dos chakras, como se aprende no nível 2 Usui. Mais ainda, a proteção é necessária nos locais onde muitas pessoas estão sofrendo e há desequilíbrio energético, como é o caso de velórios. Veja a experiência vivida por uma aluna.

Hoje, fui a um enterro. Conforme as orientações, procurei ficar distante dos velórios. A princípio senti que havia uma criança perto de mim que puxava minha bolsa. Quando olhei não havia ninguém. Ao perceber que por lá havia espíritos vagando, comecei a pedir proteção e a usar o mantra e também a fazer o símbolo no ar. E também rezei o credo. Não senti medo. Há bastante tempo, eu coloco proteção no plexo solar. O interessante de tudo isso é que eu sentia uma força tentando penetrar pelo plexo solar, mas não conseguia porque ele estava fechado.

Comentário: Todos nós precisamos participar desses momentos, quando ocorre a partida de amigos ou parentes para o plano astral, na ocasião do falecimento. Ainda que triste, temos que participar, inclusive para dar força às pessoas amigas e aos parentes.

O que se deve fazer antes de ir a um velório é proteger os chakras. Isso é fundamental, mesmo que a proteção já tenha sido feita pela manhã. Assim procedendo, o reikiano não vai ser influenciado pela energia do local, que certamente não estará com boa frequência, o que é normal devido à tristeza das pessoas.

A experiência da reikiana foi interessante, pois ela sentiu uma força querendo entrar no seu plexo solar. Essa força é o ataque energético, o vampirismo. O ataque não teve êxito porque a reikiana havia feito a proteção dos chakras, utilizando-se da técnica ensinada no nível 2 do Reiki Usui.

Nem sempre sentimos algo assim nítido, a energia de ataque atuando. Certamente esse ataque acontece para quem não está protegido e poderá gerar sensação de mal-estar durante todo o dia ou até nos dias subsequentes.

A proteção dos chakras deve ser feita pelo próprio reikiano. Entretanto, também é possível que um reikiano a realize em outra pessoa. Eu já fiz essa proteção numa pessoa que iria ao velório de sua mãe e foi muito bom, pois ela passou por esse momento com muita força e menos tristeza do que seria o normal. Também realizei a aplicação do Zonar (Karuna 1) sobre o chakra umbilical para dar forças e equilibrar o emocional.

Experiência antes da sintonização

Próximo às datas das sintonizações, muitos narram experiências atípicas, como esta acontecida com minha aluna nos dias que antecederam sua sintonização de Reiki Usui 1.

> Foi muito difícil conciliar o sono, dormi e acordei inúmeras vezes e, num dado momento, não sei se em sonho ou na realidade, abri os olhos e vi, na parede de meu quarto, o ideograma do Reiki sobreposto à imagem do canal Sushumna. Fiquei assustada, com medo e fechei os olhos. Abri novamente os olhos e raios saíram da imagem, transformando-se em gotas douradas, uma chuva dourada que inundou meu quarto. Fechei novamente os olhos com medo de olhar e dormi. Mais tarde, ao abrir os olhos novamente, nada aconteceu. Não sei como interpretar esse acontecimento, que nem sei se foi um sonho ou não. Enfim, não deixou de ser um acontecimen-

to especial, porque até então nada parecido havia acontecido comigo.

Comentário: O que ocorreu com essa aluna está relacionado aos efeitos prévios que muitos alunos vivenciam antes das sintonizações de Reiki. Ela teve dúvidas se estava acordada ou dormindo. Certamente, as imagens foram vistas por intermédio do chakra frontal (terceiro olho). Ela visualizou o ideograma do Reiki misturado à imagem do canal Sushumna dos quais saíam raios que se transformavam em gotas douradas.

As sintonizações de Reiki se iniciam antes, no astral, e depois se concretizam no dia na iniciação. Então, é possível concluir que a imagem vista era a energia do Reiki já atuando no canal Sushumna, um local importante durante o processo de sintonização, pois ele faz a ligação energética dos sete principais chakras.

Os raios em forma de gotas douradas evidenciam exatamente a cor primordial do Reiki no astral, como várias de minhas experiências fora do corpo comprovaram.

O reikiano passa a ter a intuição ampliada a cada nova sintonização e a frequência energética se eleva aos chakras superiores, e os chakras são desbloqueados. Desse modo, muitos passam a ter experiências extrassensoriais, embora não seja pré-requisito vivenciar essas situações para se tornar excelente reikiano; elas acontecem mais comumente com quem possui alguma tendência paranormal.

Cirurgia Kahuna

No depoimento a seguir, a reikiana realiza a cirurgia Kahuna, ensinada no nível 3-A, e obtém ótimo resultado.

> O meu marido me pediu para fazer a cirurgia Kahuna, pois ele estava sentindo umas fisgadas nas costas, mesmo depois de duas fortes injeções e de tomar sete comprimidos a cada doze horas. Ele quis me indicar o local exato da dor, mas achei desnecessário, sabia que poderia sentir o local.
>
> O mais incrível aconteceu na hora em que alonguei os dedos, o que fiz com muita determinação e certa do que queria. Vi algo parecido com uma miragem transparente, realmente um dedo ectoplasmado, como uma espada de jedi em tamanho reduzido e transparente. Pedi ao meu marido que pensasse positivamente e que imaginasse uma bola colorida, que aos poucos ia se desfazendo. Foi impressionante quando eu inseri os dedos na aura dele. Senti o nódulo perfeitamente, como uma bola, e senti os meus dedos arrancando-o. Foi uma das experiências mais incríveis que tive, senti-me uma perfeita cirurgiã, livrando o paciente do problema, mesmo sendo invisível, e jogando-o para o cosmos, para que Deus cuidasse de sua neutralização. Já fiz muitas cirurgias na minha profissão. Quando estava na faculdade, achava o máximo realizar uma exodontia, mas o que ocorreu na cirurgia Kahuna foi meio que mágico.
>
> Meu marido sentiu a região formigar e esquentar durante a cirurgia. Eu me sentia muito bem, com

uma alegria imensa. Fiz em todos os ângulos e ele sentia que o bloqueio ia desaparecendo. Engraçado que do lado oposto à coluna, na barriga, ele sentiu também que algo havia sido desbloqueado.

No dia seguinte, ele acordou bem calmo, dormiu bem e disse que não havia se estressado no trânsito (coisa bem comum). Não sentiu mais as fisgadas, mesmo assim sinto que preciso repetir a sessão. Ele está muito feliz e eu também, é uma paz que há muito não sentia.

Preciso lhe agradecer por mostrar esse caminho tão maravilhoso do Reiki, essa outra perspectiva nos transformou para muito melhor.

Comentário: Sabemos que os problemas físicos se originam no corpo etéreo, que é uma espécie de negativo do corpo físico, daí, a importância de se atuar logo no corpo etéreo para estacar ou corrigir os problemas em formação, evitando que apareçam no corpo físico ou levando-os a regredir caso já tenham surgidos no físico.

A narrativa dessa aluna de Reiki mostra que ela conseguiu visualizar os dedos alongados, embora o mais comum seja senti-los (a sensação que se tem é de que podemos tocar qualquer coisa com os dedos alongados). Ela também conseguiu sentir o nódulo e a sua retirada do corpo etéreo, e enviou-o para o espaço, para o cosmos, como é ensinado no curso de Reiki no nível 3-A.

O paciente, durante a realização da cirurgia, percebeu o formigamento e o calor na região, o que é normal, considerando a atuação da energia do Reiki, que é intensa nesse tipo de tratamento.

Tanto a reikiana, quanto o paciente, sentiram os desbloqueios acontecendo, o que significa a eliminação de nódulos no corpo etéreo com influências no corpo físico. O paciente deixou de sentir as fisgadas no local no dia seguinte, o que demonstra o sucesso obtido com a cirurgia.

A alegria da reikiana realmente é justificada, uma vez que essa é mais uma das inúmeras possibilidades que o Reiki oferece, ampliando a capacidade do reikiano em ajudar os que precisam.

A cirurgia Kahuna é realmente maravilhosa e deve ser praticada quando se trata de energias densas, que, originadas no corpo etéreo, começam a mostrar efeitos no corpo físico. Esse tratamento com o Reiki é um forte aliado dos tratamentos realizados pela medicina tradicional, no caso de dores sem causas detectadas e de doenças graves como o câncer.

Cura de tumor no cérebro

Se houvesse mais estudos científicos sobre os efeitos benéficos do Reiki, muitos seriam os relatos de curas maravilhosas, mesmo no caso das doenças mais graves. Veja este relato.

> Uma menina de 9 anos, residente no Rio Grande do Sul, começou a ter desmaios, tonturas e esquecimentos. Foi diagnosticado um tumor maligno no cérebro, do tamanho de um limão. Comecei o tratamento a distância. A família ficava em sintonia comigo. Marcávamos todos os dias uma hora. A cirurgia

médica havia sido marcada. Os pais, cheios de fé, pediram que os médicos fizessem novos exames. Eles não entenderam o que viram nos exames. O tumor regredira drasticamente. Optaram por não operar e um dia recebi o telefonema da menina, que sem me conhecer, disse-me: "estou curada".

Comentário: Esse caso mostra a força do Reiki, a sua atuação em todas as situações e suas possibilidades incríveis: uma criança foi curada de uma doença grave ao receber a distância a aplicação do Reiki.

Os reikianos aprendem logo que os chamados "milagres" são, na verdade, acontecimentos naturais, possíveis de serem alcançados todos os dias. Pequenos e grandes milagres são realizados diariamente por intermédio da energia amorosa do Reiki.

Sono em animais

O Reiki é igualmente benéfico para as pessoas, as plantas e os animais. Gera nos animais o mesmo relaxamento sentido pelas pessoas. Veja o que contou uma reikiana após fazer várias aplicações de Reiki em seu cachorro.

> Venho aplicando Reiki em meu cachorrinho. Percebo que ele cai no sono toda vez que recebe Reiki. Quando aplico Reiki nele sinto as mãos quentes.

Comentário: O sono sentido pelo cachorro após receber a aplicação de Reiki tem a ver com o efeito que a maioria dos pacientes sente ao receber o Reiki: relaxamento e sono.

Os animais são extremamente receptivos ao Reiki, sentem-se bem e gostam de ser energizados com a energia divina do Reiki.

Sobre a temperatura da mão é assim mesmo. Com o tempo o reikiano passa a sentir ou perceber a temperatura mais elevada quando aplica o Reiki. Essa percepção é muito importante porque o reikiano consegue perceber os locais que mais necessitam da energia do Reiki, seja em pessoas ou animais. As mãos do reikiano esquentam mais nos locais em que há mais necessidade, para onde, por consequência, ocorrerá maior fluxo energético.

Símbolo do mestrado desfazendo energias densas

São diversas as técnicas de proteção contra energias densas e para afastá-las. No caso de energia densa oriunda do plano astral, a melhor maneira é a utilização da energia do símbolo Serpente de Fogo, que o aluno recebe ao ser sintonizado no mestrado Usui.

> Notei algo interessante, até pensei que pudesse ser uma ilusão, mas não foi. Na segunda-feira, atendi a uma paciente, cuja babá me deixou exausta, pois estava muito carregada (e olha que eu tinha feito o bloqueio dos chakras pela manhã). Fiquei péssima o resto do dia e chegando em casa fui fazer as aplicações. Sempre purifico o ambiente, com a Serpente de Fogo e depois com o Chokurei. Notei que, quan-

do estava fazendo as "curvas" da Serpente, pareceu que algo estava se "desfazendo". Foi como se estivesse riscando uma poça de água com um graveto, mas no ar e com muita rapidez. É difícil explicar, não sei se deu pra entender.

Fiquei intrigada. Na quarta-feira atendi a uma criança que estava perturbada; nem consegui fazer os procedimentos direito, fiquei exausta. Cheguei em casa e comecei o procedimento de purificação. Bem na hora das curvas da Serpente, vi o mesmo tipo de ziguezague no ar, como se algo estivesse se dissolvendo.

Engraçado é que nos outros dias isso não aconteceu, só nos dias em que me senti "carregada". Será que é o efeito da Serpente nos espíritos negativos? Depois que fiz, fiquei muito bem; estava sentindo raiva e aborrecimento, tudo passou na hora.

Comentário: Vivemos num tempo em que os ataques energéticos acontecem intensamente. Existe uma verdadeira batalha, tanto na Terra, quanto no astral, entre o bem e o mal.

Por essa razão, os reikianos precisam das diversas ferramentas oferecidas pelo Reiki para se defender e proteger os entes queridos e a todos que solicitem ajuda.

A percepção da reikiana captou o que acontece no astral quando se traça o símbolo Serpente de Fogo com o intuito de afastar energias densas de espíritos, cujas presenças estão fazendo muito mal.

Através da visão do chakra frontal, a reikiana pôde visualizar a energia da Serpente de Fogo afastando a presença espiritual e a energia densa que ficaram próximas a ela, após dois atendimentos em seu consultório odontológico. Imediatamente após a sua atuação com o Reiki, ela passou a se sentir bem.

A energia do símbolo Serpente de Fogo produz a sensação de queimadura para afugentar espíritos negativos, além de dissolver as energias densas deixadas por eles.

Sei que muitos desses seres desencarnados são sofredores e precisam de ajuda. A presença deles, no entanto, acaba fazendo muito mal aos seres terrenos, pois gera no encarnado o mesmo sofrimento sentido por eles. Não se pode deixar que essa presença permaneça por muito tempo, sob pena de acarretar problemas de ordem psíquica e física na pessoa.

Curando desânimo causado por ataque energético

Uma aluna minha estava sentindo alguns sintomas que poderiam ser tanto efeitos prévios da sintonização de Reiki prestes a ser realizada, como influências negativas do astral.

Quanto aos ataques energéticos do plano astral, eu a orientei a fazer a autoaplicação, usando a técnica da redução, que é mais rápida (5 minutos). Disse-lhe que visualizasse a si e a sua família dentro de um triângulo que fosse aumentando de tamanho, se expandindo. Ela deveria dizer em voz alta que desejava fora desse triângulo, bem longe dela e de sua filha, qualquer espírito pouco esclarecido, problemas e obstáculos. Pedi-lhe que, depois de alguns dias, me informasse sobre o resultado. Dias depois, ela me contou o seguinte.

Preciso lhe dizer que essa técnica teve efeito imediato na minha vida. Pode recomendar! Já no segundo dia, o desânimo parece que foi tirado "com a mão". Tive forças para reagir e mudar o foco da minha atenção, fazendo com que o desânimo e o desespero perdessem a força.

Dias depois, sonhei que alguém fazia um "trabalho de magia negra" para me separar do meu namorado. O trabalho tinha como objetivo fazer com que ele não tomasse nenhuma decisão comigo e se afastasse.

Comentário: Como conta a reikiana, as técnicas tiveram resultado positivo, e o desânimo desapareceu. Isso evidencia a força do Reiki e atuação de influências negativas do astral atrapalhando a vida da reikiana.

Eu ensinei a técnica do triângulo como forma de proteção até ela ser sintonizada no Karuna. No curso de Reiki Karuna, o reikiano aprende a fazer o campo magnético de proteção usando o triângulo formado pelo símbolo Halu.

Quanto ao sonho contado pela reikiana, devo dizer que ele resultou da intensificação intuitiva que ocorre com os reikianos. Com essa ampliação da intuição, muitas vezes aflorada em sonho, o reikiano é informado de coisas que os sentidos normais jamais conseguiriam saber.

Para atuar em trabalhos espirituais, o Karuna é o instrumento adequado. Deve-se utilizar o símbolo Halu, enviando-o ao local onde o trabalho está enterrado a fim de desfazê-lo. Com o Halu e o Iava, o reikiano pode ainda cortar sua conexão energética com tal trabalho.

Intensificação da energia com o Karuna

Os reikianos Usui, quando sintonizados no Karuna, sentem a intensificação da energia, como demonstrado nos seguintes relatos.

> No sábado passado, em nosso atendimento voluntário – mais de cem pessoas receberam Reiki. Senti meus chakras, do cardíaco para cima, em grande atividade. A energia era muito intensa e minhas mãos pareciam ter vida própria. Percebi que não estava sozinha. Alguém trabalhava comigo. Era um mestre oriental, não me disse o nome, atuou exatamente nos casos mais graves. Foi lindo. As pessoas levantavam da maca com um olhar muito harmonioso e iluminado. Não houve incorporação, apenas vibração – que é uma característica da minha mediunidade.
>
> Senti uma mudança imensa em meu padrão vibratório. Minhas mãos costumam vibrar intensamente nas doações e nos trabalhos. Quando traço os símbolos do Karuna nas palmas, por mais distante que o faça, sinto a energia do traçado energético penetrando nas mãos. Isso já acontecia, mas agora está intensificado. Estou muito feliz e agradecida.

> Intensifiquei-me muito com o Karuna. Usei um determinado símbolo (exercício do papel) para minha filha, que estava desempregada a mais de um ano e meio. Uma semana depois, ela foi chamada para o trabalho que ela desejava; exatamente o que estava anotado no papel.

Comentário: A grande mudança do padrão vibracional sentida pelas reikianas pode ser explicada pelo fato de terem sido sintonizadas também no Reiki Karuna.

O Reiki Karuna é mesmo intenso, contribui muito para a elevação vibracional, e o método de traçar os símbolos nas duas mãos e depois no ar é algo muito forte.

Por conta disso, acaba-se sentindo as mãos vibrarem intensamente durante as aplicações de Reiki, porque se percebe a energia penetrando nas mãos quando se traça os símbolos sobre as palmas.

Com o Karuna, o reikiano passa a ter ótimas ferramentas que, somadas às recebidas no Reiki Usui, contribuem para que seus pedidos sejam atendidos.

Sensação atemporal ao aplicar Reiki

Assim como ocorre com os alunos durante a sintonização no Reiki, em que percebem o tempo de forma diferente, uma reikiana conta nesta narrativa muito interessante que o mesmo aconteceu quando ela aplicava Reiki no planeta.

> Ao iniciar a aplicação, visualizei o planeta Terra entre as minhas mãos, concentrei-me e elevei meu pensamento evocando a espiritualidade superior na regeneração do nosso planeta. Ao abrir os olhos e olhar no relógio, só havia se passado um minuto. Tornei a fechar os olhos e tornei a me concentrar por algum tempo para que a aplicação de Reiki durasse mais cinco minutos. Ao abrir os olhos e olhar

no relógio, tinha se passado, novamente, apenas um minuto. Esperei alguns minutos para ver se o relógio havia parado, mas ele estava funcionando perfeitamente. A sensação é que eu tinha ido para uma dimensão paralela e feito várias coisas num tempo diferente.

Comentário: Essa reikiana provavelmente vivenciou uma experiência extrassensorial, indo à outra dimensão com o seu corpo astral.

No astral, não existe o tempo como o conhecemos aqui na Terra. Muitos reikianos, ao serem sintonizados, e alguns, ao aplicarem o Reiki, passam por essa experiência e constatam essa realidade dimensional e a limitação temporal terrena, que é baseada apenas em três tempos: passado, presente e futuro. Nas demais dimensões, tudo é sempre momento presente.

O Reiki faz despertar espiritualmente

Como mostra o depoimento a seguir, com as práticas diárias, o reikiano começa a despertar para outras realidades.

> Ao me tornar reikiano, eu passei a ter sonhos vívidos. Sabe aqueles sonhos que são reais em sentimentos, como se você tivesse realmente vivido aquilo? Eu viajei para vários lugares, conheci vários seres e seria muita presunção achar que tudo foi fruto de minha própria criação. Acordei com a história inteira na cabeça, e já a estou escrevendo para não esquecer. As

histórias ficam na cabeça em detalhes, cenas, diálogos, como se fossem um filme.

Comentário: Eu já mencionei que somos seres interdimensionais. Vivemos em várias dimensões ao mesmo tempo e fazemos viagens astrais a outros planos.

Esses sonhos reais, com muitos detalhes de que a pessoa se lembra perfeitamente ao acordar, têm relação com o despertar, o acordar espiritual, com a constatação de que não existimos somente aqui na Terra.

Graças às sintonizações e práticas diárias do Reiki, a energia do reikiano, que antes ficava mais nos chakras inferiores, passa a vibrar mais intensamente nos chakras superiores.

O Reiki está ajudando os reikianos a acordar desse sono que é viver na Terra acreditando em tantos conceitos ilusórios. Na verdade, somos bem mais do que esses "eus" terrenos, somos seres interdimensionais com amplitude, sem limites.

Mudanças gerais

Os iniciados no Reiki percebem, no dia a dia, as transformações que ocorrem desde que se tornaram reikianos. Eis mais um desses exemplos.

Desde que fiz as sintonizações, minha vida tem melhorado de forma incrível em todos os aspectos. Tenho conseguido me manter em equilíbrio e equilibrar tudo ao meu redor. Minha relação com minha família

> melhorou, minha vida profissional mudou, a financeira também teve progresso e se tornaram mais positivos os relacionamentos com meus filhos e com todas as pessoas. Consigo compreender melhor o sentimento do outro, olhar o outro com compaixão. O sono melhorou, assim como a ansiedade e a hiperatividade. Mas uma coisa fundamental mudou em mim e me possibilitou fazer tudo o que já citei: a compreensão do sentimento das pessoas. Hoje me sinto mais humana e agradeço às sintonizações que fiz e a tranquilidade no coração que isso me trouxe, a paz de espírito.

Comentário: Esse depoimento, que descreve uma série de mudanças acontecidas na vida de uma de minhas alunas, após ela ter se tornado reikiana, é muito importante, porque comprova o que tenho dito nos cursos de Reiki. Após se tornar reikiana, a pessoa passa a interferir positivamente em sua vida e também na vida das outras pessoas. As mudanças podem ser comprovadas externamente, mas ocorrem com mais intensidade internamente; são mudanças positivas e definitivas.

Estado de graça

O Reiki muda a pessoa de dentro para fora, uma mutação que é a mais importante e urgente neste tempo planetário. Veja o que escreve outra aluna reikiana.

> Mestre! Eu mudei. Sinto-me diferente em estado de graça, parece que tudo se encaixa perfeitamen-

te na hora certa. Sinto-me em paz, muito tranquila. Não é nada forçado, é como se eu estivesse em estado de graça o tempo todo, comigo e com as pessoas. Já me perguntei, essa sou eu? Muito Obrigada! Hoje sou uma pessoa melhor, graças à sua dedicação e amor. Você tem melhorado a vida espiritual, emocional e mental de muitas pessoas, porque, mudando nosso interior, melhoramos o exterior e tudo muda à nossa volta. Com grande carinho e agradecimentos eternos.

Comentário: Ao sintonizar cada aluno no Reiki, sou apenas o canal que interliga o novo reikiano aos novos paradigmas energéticos. O mérito é sempre pessoal, de cada um, pela opção de se tornar reikiano, pela confiança no mestre escolhido e pela prática diária do Reiki.

Se o reikiano quiser, mudará totalmente sua vida e será uma nova pessoa. Sentirá esse especial estado de graça intrínseco. Isso está ao alcance do reikiano que fizer suas aplicações diárias, tiver sempre pensamentos e sentimentos positivos e se propuser a ajudar aqueles que necessitam; eles são muitos no planeta. O Reiki oferece várias maneiras de se fazer isso maravilhosamente.

Experiências após um ano de prática

Tenho ensinado nos cursos que o reikiano muda seus valores e passa a valorizar questões mais espirituais. A seguir, um testemunho de um aluno, um ano após ter se tornado reikiano.

Mestre Moacir, depois de quase um ano e meio, nada mais justo que transmitir o que experimentei ao ter o Reiki como parte de minha vida. Devo agradecer pelo grande amor que passou em minha vida e me mostrou o caminho para a espiritualidade, e graças a isso pude descobrir a verdadeira essência de minha alma e tocar a divindade que habita em meu ser. Sinto-me honrado por ser seu aprendiz, porque aprendi a usar o Reiki e aplicá-lo no meu dia a dia.

Aprendendo o Reiki I, II e 3A, pude descobrir como a harmonia nos chakras é essencial em nossas vidas, pois ela garante saúde física, mental e espiritual, e um equilíbrio com todas as forças que nos rodeiam em nossa existência terrena.

Aprendendo o Karuna I e II, pude criar um ambiente onde todos podem viver em harmonia e equilíbrio com o próximo, ajudar aqueles que ainda não compreenderam que devemos prezar pelo próximo acima de tudo, porque eles ainda não estão preparados para ver e sentir o mundo da forma como o sentimos, ajudá-los e protegê-los.

Desde que iniciei o Reiki, aprendi a usar suas ferramentas e, hoje, tenho meus próprios métodos de proteção, em que utilizo algumas ferramentas que o Reiki me oferece. Graças à minha evolução espiritual, cada vez mais pude elevar essa energia e propiciar a todos que me rodeiam e que me amam uma proteção a mais, porque isso é amor incondicional.

Outra dica vai para o relacionamento. Eu estou usando o Reiki como o mestre me indicou e estou superando a perda de um grande amor, pois o destino não permitiu que pudéssemos ficar juntos, e todos os dias utilizo antes de dormir a energia do Harth para o relacionamento. Isso tem me ajudado a ficar centrado, tirando o sofrimento de um amor impossível. Ajuda muito o emprego do Harth.

Comentário: Essa experiência relata o processo de mutação que ocorreu desde quando o aluno se tornou reikiano.

Sinto-me feliz por ter sido seu mestre e de todos os alunos nos cursos Usui e Karuna, sintonizando-os nos vários níveis do Reiki, porque vejo o quanto isso tem sido positivo na vida de todos.

Realmente, o Reiki permite a expansão e o equilíbrio energéticos, especialmente ser for praticado com regularidade, com as autoaplicações e aplicações em outras pessoas, visto que parte do Reiki doado sempre acaba ficando com o reikiano.

Em equilíbrio, fruto dessas autoaplicações e de aplicação nas outras pessoas, a saúde acontece não somente no corpo físico, concretiza-se também nos corpos sutis: etéreo, mental, emocional e espiritual.

Atualmente, esse aluno e certamente todos os outros reikianos sentem-se bem, e isso está expandindo para que possam ajudar as outras pessoas, considerando que os reikianos têm como missão ajudar as pessoas, os animais e o planeta, tornando-se verdadeiros regeneradores planetários.

Como sempre tenho dito, com as sintonizações em cada nível e as autoaplicações cotidianas, a intuição do reikiano vai se elevando, o que acaba por mostrar a melhor forma de usar os símbolos em cada situação, inclusive para elevar o nível vibracional dos ambientes: casa, trabalho e outros.

O sucesso obtido por esse aluno, na limpeza energética dos ambientes, tem acontecido com o uso do Chokurei (ótimo para limpeza de ambiente); o Rama (que atua também no processo de limpeza, jogando para longe as energias densas); o Iava e o Halu (que desfazem a conexão com energias densas); e o Harth (que ajuda na elevação do nível vibracional). O Zonar atua no nível celular, cura traumas e é anestésico emocional. Nesse sentido, para ajudar no processo de elevação do nível vibracional do ambiente, o Zonar ameniza os sofrimentos emocionais das pessoas, gerando, consequentemente, um ambiente mais calmo e mais amigável.

Sobre o uso do Harth para o relacionamento, o depoimento demonstra que a utilização minimizou os sofrimentos causados por um relacionamento que não seria ideal ou possível no momento. O Harth ajuda na solução, para que o relacionamento possa acontecer com qualidade, ou evita o sofrimento, quando não é possível que se concretize.

Mais à frente, você verá como fazer o caderno Karuna para os relacionamentos.

Com esse último depoimento e comentário, encerro este capítulo, destacando que tenho inúmeros outros depoimentos de alunos sobre o sucesso do emprego do Reiki. Seria impossível contemplar todos neste livro.

Os reikianos que avançaram nos níveis do sistema Usui e Karuna vão vivenciando a cada dia novas descobertas, conquistas geradas pelo Reiki em todas as questões terrenas, suas, de seus familiares e dos seus pacientes (para quem trabalha com o Reiki ou ajuda voluntariamente).

O importante é destacar que, além dos infindáveis benefícios, com as sintonizações e prática do Reiki, o reikiano está trilhando o caminho do progresso espiritual, que é, sem dúvida, a principal missão terrena de todos nós.

3. O que é o Reiki

O Reiki é fantástico! Transforma a vida do reikiano para sempre, marcando claramente o antes e o depois da iniciação.

O Reiki é a fusão da energia *Rei* (cósmica/divina) com a energia *Ki* (pessoal). Com a sintonização de Reiki, realizada por um mestre devidamente habilitado, ocorre o desbloqueio do chakra coronário, permitindo a captação da energia divina. Essa energia cósmica é somada à energia pessoal do iniciado no chakra cardíaco, e o Reiki passa a fluir de suas mãos, depois que a pessoa se torna reikiana.

Ao se tornar reikiano, abrem-se infinitas possibilidades, pois o Reiki oferece inúmeras ferramentas para serem usadas em todas as situações.

O Reiki permite o envio da energia a distância a partir do nível 2, no qual o reikiano recebe, na sintonização, o símbolo que lhe permite abrir o portal tempo/espaço, e estabelecer uma ligação energética com tudo o que existe em qualquer lugar.

Assim como o mestre de Reiki pode sintonizar um novo reikiano que reside, por exemplo, no Japão (como, aliás, tenho feito ao sintonizar novos reikianos residentes naquele país e em outros), o reikiano pode enviar a energia do Reiki para uma pessoa que esteja em qualquer localidade do planeta e até fora dele ou ainda em outra dimensão. Não há, pois, limite para o Reiki.

O Reiki é fantástico porque permite ainda o envio da energia para o passado e para o futuro, curando traumas antigos e tratando situações a serem vividas mais à frente, e protegendo o reikiano e quem ele desejar incluir nessa proteção.

Como se vê, o Reiki é bem mais do que muita gente pensa. Ele é comumente associado à imposição das mãos para a cura do corpo físico, o que de fato é verdade, mas atua também nos corpos sutis - etéreo, mental, emocional e espiritual -, causando infindáveis benefícios que vão muito além do corpo físico.

Para se tornar reikiano, é preciso ser sintonizado por um mestre de Reiki. Portanto, não basta estudar e aprender sobre o Reiki, como faz um autodidata. Até nesse aspecto, o Reiki se apresenta singular, especialíssimo, pois leva o interessado a vivenciar esse momento raro que é a sintonização de Reiki, como o prezado leitor pôde compreender no primeiro capítulo deste livro.

Com as sintonizações, uma para cada nível, o reikiano vai expandindo sua capacidade energética. No sistema Usui, existem quatro níveis. No primeiro nível, o reikiano pode aplicar o Reiki com a imposição das mãos, seja em si mesmo ou em outras pessoas. No segundo nível, pode enviar a energia a distância e também para o passado e para o futuro. No nível 3-A, o reikiano consegue enviar a energia para muitas pessoas ao mesmo tempo, inclusive para todo o planeta, tornando-se um regenerador planetário. No nível 3-B, o reikiano se torna um mestre de Reiki e passa a ensinar e a sintonizar novos reikianos.

No Reiki Karuna, existem três níveis: Karuna 1, Karuna 2 e mestrado de Karuna, que disponibilizam diversas e magníficas ferramentas para serem usadas em conjunto com as energias do Reiki Usui.

Os níveis do Reiki do sistema Usui

No sistema de instrução da escola tradicional de Reiki, ligada a Mikao Usui, o método de Reiki é separado em quatro níveis: Usui 1, 2, 3-A e 3-B (mestrado).

Nível I – O Despertar

Nesse primeiro nível, a pessoa desperta para as infinitas possibilidades de sua vida e passa a ter uma nova consciência de sua própria identidade. Começa a reconhecer a visão fragmentada que tinha até então. Consegue se identificar com o sagrado existente em tudo e, vivencia-o em seu corpo, por meio da cura dos processos patológicos físicos, etéreos, mentais, emocionais e espirituais. Ela, principalmente, descobre o poder que lhe permitirá controlar e participar de modo proativo do *roteiro* da sua própria vida.

Nesse nível, o reikiano descobre que não está mais a mercê de situações alheias ou do destino, da sorte ou do azar. Agora, poderá efetivamente influir, modificar, escrever ou reescrever a sua história de vida.

Torna-se capacitado para participar do processo de autocura ou da cura de outras pessoas, bastando, para tanto, utilizar-se de suas mãos.

Nível II – A Transformação

No nível 2, a capacidade de decidir sobre sua vida é ampliada através do recebimento de três mantras (palavras sagradas) e três yantras (desenhos energéticos), os quais permitirão romper a cadeia tempo/espaço e acessar processos mentais e emocionais, fazendo com que a energia flua em níveis elevados imediatamente.

O nível 2 é centrado na cura a distância, pois agora o reikiano pode enviar o Reiki para uma pessoa mesmo que ela esteja em outro país e até em outra dimensão.

Nesse nível, o reikiano poderá, ainda, enviar a energia do Reiki para o passado, curando traumas, com reflexos positivos no presente; e para o futuro, como por exemplo: para provas, trabalho, encontros etc., a fim de ter sucesso em atividades a serem realizadas.

O reikiano descobre e começa a romper o conceito de sujeição ao karma, pois o Reiki ajuda na cura kármica. Adentra-se a um processo ilimitado de transformação, onde a realidade aparente é transformada em realidade tangível.

Nível III-A – A Realização

Esse terceiro nível é o caminho para o reikiano realizar sua consciência de forma transpessoal, integrada ao todo.

Esse nível está centrado na inerente realidade da união cósmica e do efeito global de ações, ideias, emoções e desejos do reikiano.

O reikiano recebe mais um mantra e mais um yantra, que ampliam e intensificam os efeitos dos símbolos do nível 2, permitindo estender a capacidade de harmonização e cura para um grande número de pessoas (aglomerações, estados, países etc.).

No terceiro nível, o reikiano atua no despertar da sociedade como um todo e não apenas no seu próprio. Por isso, o reikiano 3-A é considerado agente de regeneração planetária.

Nível III-B – O Mestrado

Ao atingir o grau de mestrado, o reikiano assume a grande responsabilidade de levar o conhecimento da técnica Reiki a muitas pessoas. Ao mesmo tempo, o mestre de Reiki assume o compromisso de viver em equilíbrio e demonstrar, com o seu exemplo de vida, a possibilidade da libertação de uma realidade aparente e limitada e a criação, neste mundo material, de um estado tranquilo de agir, pensar e sentir, um estado de encontro com o divino, presente em tudo que existe.

Os níveis do Reiki Karuna

Existem dois níveis do Karuna: Karuna 1 e Karuna 2, além do mestrado. Em cada um dos níveis, são sintonizados quatro símbolos.

O nível Karuna I só pode ser ensinado e sintonizado se o aluno já for reikiano do nível 2 do sistema Usui, pois há necessidade de utilização do símbolo de abertura do portal (tempo/espaço), o Honshazeshonen.

O nível Karuna 2 é ensinado, de preferência, após o aluno ter sido sintonizado no nível 3-A do sistema Usui, porque existem técnicas de envio do Karuna para mais pessoas, possíveis somente para quem foi sintonizado no nível 3-A.

Os símbolos do Reiki

Mikao Usui, pesquisando os antigos Sutras budistas tibetanos, encontrou os símbolos divinos. Depois de um jejum no monte Kuriyama, ele redescobriu as chaves para a cura.

Os símbolos foram preservados por milênios. Estavam restritos à vida monástica, disponíveis apenas a grupos religiosos antigos. Os símbolos, sagrados e extremamente poderosos, são a essência do Reiki. Eles são compostos de mantras (sons energéticos) e yantras (desenhos energéticos). Quando acionados, proporcionam resultados específicos, dando acesso a diferentes níveis de cura e objetivos pretendidos. Eles atuam como satélites, captando sinais e retransmitindo-os mais fortalecidos.

Os símbolos do Reiki são instrumentos vibracionais para a captação e restauração da energia primordial cósmica nas pessoas. Funcionam somente depois que o reikiano foi devidamente sintonizado por um mestre de Reiki.

4. Técnicas de Reiki

Com a prática do Reiki, descobre-se que os milagres acontecem a todo instante.

Neste capítulo, mostrarei algumas técnicas especiais do Reiki, ensinando pelo menos uma de cada nível, entre aquelas que são ensinadas nos cursos de Reiki Usui e Karuna.

Reiki Usui 1

No primeiro nível do curso de Reiki Usui, eu ensino aos meus alunos as posições para a correta aplicação de Reiki com a imposição das mãos. Explico sobre os chakras e sobre o corpo físico e os corpos sutis (etéreo, mental, emocional e espiritual). Faço a correlação dos chakras com os órgãos do corpo físico e ensino como tratá-los quando apresentam disfunções causadas por atitudes inadequadas, questões emocionais e pensamentos negativos. Descrevo um pouco sobre a história do Reiki e sobre como o Reiki funciona, sua especial atuação no desbloqueio dos nódulos energéticos. Oriento, ainda, sobre os diversos tipos de tratamentos que podem ser realizados com o Reiki.

Potencialização da defesa imunológica

A técnica de estímulo à defesa imunológica é muito importante atualmente, visto que muitas doenças estranhas estão surgindo e outras certamente irão surgir nesta época de desequilíbrios planetários e pessoais.

O mais importante a fazer é estimular a defesa orgânica do corpo. Para tanto, o reikiano Usui deve proceder da seguinte forma: com uma das mãos, aplica-se o Reiki sobre o timo, localizado no centro do peito, ao lado do coração; e, com a outra, aplica-se sob o braço esquerdo, um pouco abaixo da axila (local de onde a energia irá migrar para o baço). Quem tem o nível 2 ou 3-A, pode traçar os símbolos para potencializar a energia. A aplicação pode durar de três a cinco minutos diariamente.

Veja por que ocorre o estímulo imunológico com as aplicações sobre o timo e o baço: o timo é um órgão linfático, está mais desenvolvido nas crianças, apresentando o seu maior tamanho na puberdade. Com o crescimento, o timo regride de tamanho e há quem diga que ele desaparece ou vira tecido adiposo. Contudo, sabe-se, agora, que, mesmo no adulto, o timo atua ajudando o sistema imunológico, daí a orientação de aplicação do Reiki sobre o timo para o fortalecimento da defesa orgânica.

Quando se aplica o Reiki embaixo do braço esquerdo, faz-se a aplicação sobre o baço, o maior dos órgãos linfáticos. Esse órgão tem a destacada função imunológica de produzir anticorpos e linfócitos, que protegem contra infecções. Os linfócitos produzem anticorpos ou servem como células de memória para reconhecer o antígeno no futuro. Por isso, é significativa a aplicação nesse local.

Com as aplicações diárias, obtêm-se altos níveis de imunidade fisiológica, o que combaterá naturalmente todas as possíveis doenças. Com a imunidade elevada, qualquer doença se apresenta muito mais atenuada.

E como fazer para se ter essa imunidade elevada o tempo todo? O caminho principal é ter pensamentos e sentimentos positivos, evitando tudo o que for discordante e que gere nervosismo ou tristeza. Sei que nem sempre é fácil manter-se harmonizado, já que vivemos uma época de conflitos. Ainda assim, o equilíbrio precisa ser buscado intensa e constantemente.

Para recuperar esse equilíbrio ou para se manter nele, as terapias alternativas ajudam muito. No Reiki, por exemplo, aprende-se como manter esse estado de equilíbrio e como elevar e manter em alta o nível da defesa imunológica com aplicações diárias.

Não há mais tempo ou lógica para se dizer que tudo que nos acontece é porque deveria acontecer ou porque assim Deus quis. Deus, com seu amor criador, sempre deseja o nosso bem e nos deu o livre-arbítrio para buscarmos a saúde, a felicidade e a evolução espiritual.

Na verdade, os acontecimentos da nossa vida decorrem de questões kármicas (de outras vidas) e, também, resultam de nossa maneira de viver a vida atual. Não podemos transferir responsabilidades. Nós somos e seremos sempre os responsáveis pela nossa existência.

Portanto, é sempre tempo de mudanças urgentes. O agora é o instante de assumirmos inteiramente o comando de nossa existência, direcionando nossos comportamentos mentais, emocionais e espirituais para uma vida equilibrada, longa e saudável, e até para a transmutação do karma com atitudes de amor em prol das pessoas, dos animais e do planeta.

Em todo esse processo de qualificação da vida, o Reiki pode atuar de forma positiva e proativa. Para tanto, basta que se decida ser reikiano, o que hoje é muito fácil, já que os cursos de Reiki apresentam preços acessíveis a todos, sendo ministrados inclusive a distância.

Reiki Usui 2

O nível 2 é um dos mais especiais do Reiki, porque é nesse nível que o aluno se torna um reikiano com maior amplitude, passando a poder usar a energia para muitas situações e especialmente a distância.

Nesse nível, o aluno recebe três símbolos: Honshazeshonen, Seiheki e Chokurei (este último, como já comentei, é ensinado ao aluno na sintonização do nível 1) e aprende como desenhar, pronunciar seus nomes e utilizá-los. Nos meus cursos, ensino técnicas de autoaplicação especiais, que permitem aplicação completa em pouco tempo: 7,5 minutos (técnica do joelho) e 5 minutos (técnica de redução). Ainda ensino a importante técnica de proteção dos chakras, a qual pode ser realizada de forma rápida diariamente, para evitar ou minimizar os ataques energéticos e o vampirismo. Ensino também como curar traumas do passado (desta e de outras vidas), o que permite a reprogramação da vida atual para que a pessoa se torne confiante, realizada e feliz. Ensino, ainda, a técnica de envio do Reiki ao futuro, para o sucesso de momentos importantes a serem vividos (provas, entrevistas, reuniões etc.). Aprende-se ainda a técnica para evitar perigos iminentes; para limpeza rápida de ambientes e para enviar o Reiki a distância, entre diversas outras técnicas.

Do nível 2, escolhi para ensinar neste livro a utilização do símbolo Chokurei para proteção.

Proteção energética

O símbolo Chokurei pode ser utilizado para a proteção do reikiano, de sua família, casa, veículo etc. Basta traçá-lo (e repetir o mantra três vezes) no local desejado, mentalizando a proteção. No caso de locais como a residência, por exemplo, deve ser traçado nas portas e janelas. Ao deixar o veículo estacionado, traçar o símbolo envolvendo todo o veículo para a proteção, falando "Chokurei" três vezes.

O Chokurei protege também contra ataques espirituais, psíquicos e até físicos, por isso, assim que o reikiano perceber algum perigo, deve imediatamente utilizar esse símbolo, pois o seu efeito é imediato. Se perceber a possibilidade de ser assaltado, deve traçar no ar imediatamente o Chokurei, repetindo seu nome três vezes. Se o assalto de fato acontecer, ele deve envolver o assaltante (mentalmente) com um grande Chokurei, entoando o nome do símbolo três vezes.

No meu livro *Viagem à Cidade Espiritual de Necanerom*, conto como escapei de um assalto utilizando o Reiki. Foi exatamente o Chokurei o símbolo que utilizei na ocasião. Aliás, eu uso esse símbolo constantemente e várias vezes por dia. Seu uso é rápido, porque basta traçar uma vez com a mão dominante e falar o nome do símbolo três vezes para a limpeza de ambientes e a proteção ocorrerem instantaneamente. Todos nós precisamos da atuação do Chokurei a toda hora, não é mesmo?

Outro uso importante do Chokurei se destina à proteção da aura e dos chakras. Eles ficarão protegidos contra ataques de energias maléficas e contra o vampirismo (pessoas carentes de energia que acabam sugando até de modo inconsciente a energia de quem tem mais). Esse procedimento de proteção dos chakras é feito rapidamente e reduz consideravelmente a possibilidade de contaminação energética. Deve-se proceder assim para obter a proteção dos chakras: desenhar o Chokurei em cada uma das mãos, dizendo Chokurei por três vezes em cada mão; em seguida, com a mão dominante, desenhar um grande Chokurei da cabeça aos pés, na frente do seu corpo, dizendo Chokurei por três vezes, e outro na parte de trás da cabeça aos pés, também falando Chokurei três vezes; depois, aplicar o Chokurei em cada um dos chakras, começando pelo chakra da base e indo até o chakra coronário (alto da cabeça), sempre desenhando, para cada chakra, o Chokurei com a mão dominante no ar, ou seja, na frente do corpo ou próximo a cada chakra. Após cada desenho do Chokurei, entoar o mantra três vezes ao tocar com as mãos por três vezes em cada um dos chakras (uma mão no vórtice da frente e outra no vórtice das costas). No chakra da base e no coronário, por não terem dois lados (frente e verso), tocar com as duas mãos sobre o único vórtice deles, quando falar o mantra (Chokurei, Chokurei, Chokurei).

Esse procedimento simples, fácil e rápido deve ser realizado diariamente antes de o reikiano sair de casa e também antes de aplicar Reiki ou enviá-lo a distância para outras pessoas.

Reiki Usui 3-A

No nível 3-A, o reikiano recebe mais um símbolo do Reiki, o Daikoomyo Usui, uma das mais fortes energias disponíveis no planeta. O reikiano pode, então, enviar energia para muitas pessoas ao mesmo tempo, multidões, cidades e para o planeta.

No terceiro nível, ensino a técnica de ativação dos canais de força; como fazer uma mandala de cristais e a fantástica técnica da cirurgia psíquica (técnica Kahuna), que possibilita a dissolução de nódulos energéticos e, consequentemente, evita o surgimento de doenças iniciadas no corpo etéreo. Essa técnica também trata doenças do corpo físico e ajuda a desfazer efeitos de ataques e trabalhos espirituais. Ensino, ainda, a técnica de projeção mental (viagem astral consciente) e a técnica de regressão de memória, que permite ao paciente reviver cenas do passado e de vidas anteriores e possibilita a utilização do Reiki na cura de problemas do passado.

Energização coletiva

Destacarei uma técnica importante para este tempo terreno, com tantos desastres naturais, em que muitos países e o planeta precisam de ajuda urgente. Seguem as orientações de como enviar a energia do Reiki para cidades, estados, países, e para o planeta, com a utilização do símbolo Usui 3-A, o Daikoomyo, que, por sua força, permite o envio da energia do Reiki para o coletivo.

Os pedidos devem visar à elevação energética do planeta e das pessoas, e a transmutação e diminuição das influências energéticas negativas. O símbolo também ajuda regiões específicas com problemas graves, como os ocorridos em 2010, no Haiti e no Chile (terremotos), e em 2011, no Rio de Janeiro (chuvas intensas).

Alguns minutos antes de iniciar a energização, faça a limpeza energética do local no qual a aplicação será realizada. Para tanto, trace sobre o local um grande Chokurei, falando o nome do símbolo três vezes. O reikiano Karuna deve traçar também um grande Rama, falando o mantra três vezes.

Também é válida, para se fazer a limpeza do local, a utilização da técnica de redução com o uso dos quatro símbolos Usui. Visualizando o local entre as mãos, deve-se fazer a aplicação por três minutos, mentalizando a transmutação energética do local e a elevação do nível vibracional. O reikiano Karuna pode também aplicar, para o mesmo fim, o Halu e o Harth, usando igualmente a técnica de redução.

Em seguida, também usando a técnica de redução (como se segurasse uma bola de futebol entre as mãos), trace no ar com a mão dominante o Daikoomyo Usui, entoando o mantra três vezes (Daikoomyo, Daikoomyo, Daikoomyo). Depois, trace o Honshazeshonen (repetindo o mantra três vezes: Honshazeshonen, Honshazeshonen, Honshazeshonen) e o Seiheki (repetindo o mantra três vezes: Seiheki, Seiheki, Seiheki).

Retome a posição das mãos (como se segurasse uma bola) e faça as afirmações como os exemplos a seguir:

> "Esta energia segue para todo o planeta e para todas as pessoas, visando à elevação do nível vibracional".
> "Esta energia segue para a cura dos karmas planetários e para a cura dos karmas pessoais de toda a população da Terra, minimizando as limpezas energéticas do planeta e das pessoas, e promovendo, sem sofrimento, a elevação espiritual do planeta e dos seus habitantes".
> "Esta energia segue para a população do Haiti. Que se curem os sofrimentos emocionais pela perda de entes queridos e os sofrimentos físicos decorrentes dos desmoronamentos ocorridos naquele país, onde aconteceu um grande terremoto. Que o Haiti seja reconstruído e possibilite, doravante, vida digna a todos (moradia, saúde e alimentação)".
> "Esta energia segue para a população do Chile, para sanar os sofrimentos emocionais pela perda de entes queridos e os sofrimentos físicos decorrentes dos desmoronamentos ocorridos naquele país, onde aconteceu um grande terremoto."
> "Esta energia se irradia para as populações das cidades do Rio de Janeiro, vítimas de um grande tem-

> poral. Que sejam sanados os sofrimentos físicos dos atingidos pelos desmoronamentos e por outros acidentes decorrentes das chuvas. Que sejam sanados os sofrimentos emocionais provenientes da perda de entes queridos e que as autoridades possam retirar os moradores da área de risco, colocando-os em residências seguras".

Depois de fazer as afirmações, trace no ar o Chokurei com a mão dominante, entoando o mantra três vezes (Chokurei, Chokurei, Chokurei);

Faça a aplicação durante um período de cinco a quinze minutos.

Quem tem o Karuna, pode aplicar na metade desse tempo os símbolos Usui e, na outra metade, os símbolos Karuna (Halu e Harth). O Halu cura e o Harth preenche os locais com energia de amor, de alta frequência, ajudando na transmutação energética positiva dos locais necessitados.

O Reikiano Karuna pode aplicar outros símbolos, seguindo sua intuição (o Rama para a dor física; o Zonar como anestésico emocional; o Kriya para que a ajuda material chegue com rapidez nos locais atingidos etc.).

Reitero que, para a energização de muitas pessoas ao mesmo tempo e para as cidades, estados, países e o planeta, o reikiano precisa ter o nível Usui 3-A, quando é sintonizado com o símbolo Daikoomyo Usui, próprio para a energização coletiva.

Para a energização do planeta, há um acordo mundial entre os reikianos de se fazer a energização todos os domingos a partir das 18 horas (horário de Brasília).

Reiki Karuna 1

Nesse primeiro nível do Karuna, o aluno recebe na sintonização quatro símbolos. Aprende como enviar à distância a energia do Karuna; como potencializar o bloqueio dos chakras, aprendidos no nível 2 (Usui), para a proteção pessoal, evitando ataques energéticos (vampirismo). Aprende, ainda, a técnica para a cura de traumas do passado, desta existência ou de vidas anteriores; aprende como atuar de modo importante na cura de doenças densas (câncer, mioma etc.) e infecciosas, em auxílio à medicina tradicional; como superar conflitos de relacionamentos e obter melhoria nos relacionamentos a dois e em outros relacionamentos. Aprende a técnica para a cura de vícios; aprende como eliminar o medo imaginário e ter determinação para atingir, com sucesso, os objetivos de vida; além de diversas outras técnicas.

Cura de trauma do passado

Do Karuna 1, escolhi para incluir neste livro a técnica que permite a cura de traumas do passado desta e de outras existências, o que gera impacto positivo no presente. Para essa técnica se utiliza o símbolo Zonar.

O Zonar é excelente para tratar traumas do passado (desta ou de outra vida), especialmente aqueles que, por serem os mais traumáticos, ficaram guardados no subconsciente, ou seja, sedimentados no corpo emocional, afetando intensamente a pessoa, gerando muitos bloqueios emocionais e até doenças.

Para a utilização do Zonar, deve-se primeiramente traçar no ar, com a mão dominante, o Honshazeshonen para abrir o portal, entoando o mantra três vezes: Honshazeshonen, Honshazeshonen, Honshazeshonen.

Em seguida, faz-se a seguinte afirmação: "essa energia segue para a causa do problema emocional (meu ou de tal pessoa... que reside em...), acontecido nesta ou em outra vida (descrever o problema, se for conhecido), para desfazer o trauma que tem gerado o bloqueio tal (descrever o bloqueio)".

Depois, traçar em cada mão o símbolo do Zonar; repetir o mantra três vezes (Zonar, Zonar, Zonar), aproximando ao mesmo tempo as palmas das mãos, mas sem encostá-las uma na outra. Visualizar o símbolo Zonar entrando nas duas mãos.

Traçar o Zonar no ar com a mão dominante, falando o mantra três vezes (Zonar, Zonar, Zonar), para disparar a energia para o seu destino.

Enviar a energia por cinco minutos com as mãos voltadas uma para outra, como se segurasse uma bola, (técnica da redução).

Entoar durante todo esse tempo o mantra (Zooooooooooonar), para potencializar a captação da energia Karuna, se possível em voz alta e pensando no objetivo pretendido.

Repetir nos dias subsequentes o envio da energia até sentir que o objetivo foi alcançado.

Com a eliminação do trauma no passado, todas as suas consequências no presente irão se desaparecer. Foi desse modo que eu me curei do medo de viajar de avião. Em algum momento do meu passado, um trauma (não lembrado) gerou em mim medo de altura. Depois da cura do trauma do passado, o meu medo desapareceu totalmente. Desde então, viajo de avião com mais traquilidade do que de automóvel.

Reiki Karuna 2

Com o Karuna 2, o aluno recebe outros quatro símbolos e aprende, em meus cursos, entre outras, a técnica para o rompimento de dependências emocionais nocivas de outras pessoas. Aprende também como estimular a aprendizagem e potencializar a criatividade; como aprimorar as comunicações escrita e falada, curando o trauma de falar em público. Aprende, ainda, como curar a insônia, o medo e o pânico; como desenvolver a clarividência e a ter bons sonhos; como manter o foco nos objetivos traçados para o pleno sucesso. Aprende a importante técnica da criação do campo magnético de proteção para si e para sua família, a ser utilizada diariamente, para manter todos protegidos de perigos terrenos e espirituais. Aprende ainda outra importante técnica: a do caderno Karuna para o envio da energia para muitas pessoas ao mesmo tempo, apenas com uma aplicação diária.

Caderno Karuna para relacionamentos

Do segundo nível do Karuna, escolhi a técnica do caderno Karuna para os relacionamentos, visto que temos contato com outras pessoas o tempo todo e a convivência harmoniosa é um caminho positivo para a evolução espiritual.

Em todas as interações humanas, sempre existem duas pessoas e uma terceira entidade, que é o próprio relacionamento. É para essa terceira entidade que a energia do Reiki Karuna será enviada, por meio especificamente do símbolo Harth, que atua magnificamente nos relacionamentos. Por isso, é importante o emprego desse símbolo no caderno de relacionamentos.

Para fazer e usar o caderno Karuna para os relacionamentos, escolha um caderno, de sua preferência, que não seja muito grande, pois você terá que segurá-lo entre as mãos para aplicar o Reiki todos os dias.

Na primeira página, desenhe o Daikoomyo (Usui). Abaixo do desenho, escreva o nome desse símbolo três vezes. Cole essa folha no verso da capa do caderno, passando cola nas bordas da folha e não sobre o símbolo.

Na página seguinte, desenhe o Honshazeshonen, e, abaixo do desenho, escreva o nome desse símbolo três vezes. Cole essa folha sobre a página anterior, passando a cola nas bordas da folha.

Na página seguinte, desenhe o Harth, escrevendo abaixo do desenho o nome do símbolo três vezes e cole a folha sobre a anterior.

Repita o mesmo procedimento, mas agora colando as páginas com os símbolos no verso da capa *de trás* do caderno. Inicie desenhando o símbolo Daikoomyo Usui na última folha do caderno e depois passe para o Honshazeshonen e, por fim, para o Harth.

Em cada questão a ser tratada você deverá escrever (nas folhas em branco, não nas coladas): "a energia do Harth segue para o relacionamento de fulano com beltrano (nome completo) que residem em..." (um ou os dois endereços, se for o caso de residências diferentes).

A energia não será encaminhada nem para uma pessoa, nem para outra, mas, sim, para o relacionamento deles, pois o relacionamento é, energeticamente, uma entidade autônoma, que precisa ser tratada separadamente.

Para ativar o caderno, segure-o com a mão não dominante. Com a mão dominante, trace no ar, sobre o caderno, o Daikoomyo Usui. Coloque o caderno entre as duas mãos e repita três vezes: Daikoomyo, Daikoomyo, Daikoomyo. Depois, retire a mão dominante do caderno e trace no ar, sobre o caderno, o Honshazeshonen. Volte a segurar o caderno entre as duas mãos e repita três vezes: Honshazeshonen, Honshazeshonen, Honshazeshonen. Diga, se quiser: "essa energia segue para energizar o caderno Karuna" (não há necessidade de fazer tal afirmação, já que o caderno estará entre suas mãos, mas não há problema em fazê-la se assim preferir).

Coloque o caderno sobre uma superfície e desenhe nas duas mãos o símbolo Harth, repetindo o nome Harth três vezes ao mesmo tempo em que aproxima uma mão da outra, como se batesse palmas lentamente. Visualize o Harth entrando nas duas mãos.

Segure o caderno com a mão não dominante. Com a mão dominante, trace no ar, sobre o caderno, o símbolo Harth, dizendo Harth, Harth, Harth, para disparar a energia.

Com o caderno entre as mãos, energize por cinco minutos. Depois, vire o caderno e energize-o por mais cinco minutos. (Nas próximas vezes, basta aplicar o Reiki por cinco minutos somente de um lado).

Durante o tempo de aplicação do Reiki Karuna no caderno de relacionamentos, entoe o mantra "Harrrrrrrrrrrrrrrrrrrrrrth", pois entoar o mantra potencializa a energia.

Quando conseguir êxito em algum pedido, escreva sobre o pedido em letras garrafais: AGRADEÇO. Caso não queira mais que determinado pedido se realize, escreva sobre ele a palavra CANCELADO.

A aplicação no caderno deve ser feita diariamente, mas se você usar um cristal sobre o caderno, como ensinado no curso Usui 2, (energização do caderno e do cristal, ambos entre suas mãos), poderá realizar nova energização do caderno e do cristal a cada 72 horas, visto que o cristal armazena energia por esse período.

O reikiano irá deparar muitas vezes com pedidos sobre relacionamentos. Muitas pessoas pedem o Reiki com o objetivo de separar um casal para poder se relacionar com uma das pessoas, ou pedem para se relacionar com alguém, mesmo que essa pessoa ou elas próprias estejam comprometidas.

Nenhum desses pedidos é ético, especialmente porque, sendo a pessoa pretendida comprometida, ela pode estar feliz no seu relacionamento. Além do mais, não se pode interferir na vontade alheia, no livre-arbítrio de cada um.

Nós, reikianos, não podemos interferir em relações amorosas, nem para unir nem para separar pessoas, pois é preciso considerar que nada acontece por acaso, e sim numa relação espiritual ou kármica, muitas vezes de vidas anteriores.

No entanto, os reikianos podem e devem enviar a energia do Reiki para os relacionamentos das pessoas que solicitem ajuda nos envolvimentos sentimentais, para que a energia divina do Reiki atue da melhor forma no contexto, objetivando a melhoria dos relacionamentos dos envolvidos ou o bom encaminhamento de todos.

Falo isso apenas para deixar claro os limites de atuação do reikiano, que precisa ser sempre ético. Lembro que todos nós aqui na Terra possuímos karmas que precisam ser curados. Quanto mais amena for essa reparação, menor será o sofrimento (o ideal é que a superação ocorra sempre pelo amor e não pelo sofrimento).

Assim, é importante o papel do reikiano no auxílio a todos que o solicitam. Lembre-se que o reikiano é um regenerador planetário e muito dessa influência positiva se dá por meio da ajuda que ele oferece aos relacionamentos humanos.

5. Como tratar algumas questões

Curar alguém com o Reiki é uma forma de praticar o amor incondicional.

Existem muitas formas de tratar as diversas questões e situações vividas pelos reikianos e pelos que lhes pedem ajuda. A seguir, comento algumas dessas situações e como enfrentá-las adequadamente com o Reiki.

Antes, porém, destaco que a legislação brasileira estabelece que somente os médicos podem emitir diagnósticos. Assim, o reikiano, de posse do laudo médico, poderá atuar com o Reiki, embora, é claro, a sua intuição o alertará sobre causas oriundas também dos corpos sutis. Mesmo assim, em nenhuma hipótese, o reikiano pode emitir um diagnóstico.

Gripe virótica (do tipo H1N1) e Dengue

É preciso garantir proteção contra doenças infecciosas, como gripe, dengue e outras, aplicando o Reiki para fortalecer a defesa imunológica. Com a imunidade fortalecida, o reikiano poderá evitar ou superar mais rapidamente as doenças cuja cura depende da reação do organismo.

E como o reikiano pode fortalecer sua defesa imunológica? Fazendo autoaplicações diárias, usando-se a técnica de redução ou a técnica do joelho, ambas aprendidas no nível 2 Usui. Como já mencionei neste livro, existe também uma técnica específica para estimular a defesa imunológica, que envolve a aplicação sobre o timo e o baço.

Seria interessante, depois de fazer todas as posições da técnica do joelho, levar uma mão até o chakra cardíaco, depois a outra e aplicar o Reiki por três minutos nessa posição. Em seguida, levar a mão esquerda para aplicá-lo sobre o braço esquerdo (baço) e deixe a outra mão no centro do peito (timo). Nessa posição, deve-se aplicar por mais três ou cinco minutos.

Se desejar, o reikiano pode enviar a distância a energia do Reiki sobre o timo e o baço, utilizando a técnica da redução enquanto direciona a energia para esses dois locais e diz o nome e o endereço da pessoa.

Caso ele prefira enviar a energia por meio da técnica de redução, deve proceder da seguinte maneira: mantenha as duas mãos a certa distância uma da outra, como se segurasse uma bola de futebol. Com a mão dominante, trace no ar o Daikoomyo Usui (para quem tem o 3-A). Volte a mão para a posição original e entoe o mantra (Daikoomyo) três vezes. Depois, entoe também o Honshazeshonen no ar com a mão dominante. Volte a mão para a posição original e fale o mantra (Honshazeshonen) três vezes. Faça o mesmo com o Seiheki.

Em seguida, faça o direcionamento da energia dizendo: "Esta energia segue para o baço e para o timo de.... que reside em.....".

Trace no ar, com a mão dominante, o Chokurei, para disparar a energia. Volte a mão para a posição original entoando o mantra (Chokurei) três vezes. Aplique o Reiki por cinco minutos (repita o procedimento em outros dias).

O reikiano sintonizado no nível 3-A torna-se regenerador planetário e recebe o símbolo Daikoomyo Usui, que lhe permite enviar energia para muitas pessoas ao mesmo tempo, até mesmo para toda a população da Terra. Assim, pode ajudar em epidemias, enviando o Reiki para muitas pessoas ao mesmo tempo. Não vejo inconveniência alguma em se enviar a energia mesmo sem a autorização das pessoas, visto que os reikianos não teriam como perguntar a tanta gente se elas autorizariam o envio da energia do Reiki. Além do mais, situações graves que atingem muitas pessoas no planeta ou em determinados países justificam a atuação em massa.

Além da aplicação descrita acima (no timo e no baço), o reikiano que tem o Reiki Karuna pode envolver as pessoas no campo magnético do Halu, protegendo-as do vírus da gripe ou de outras doenças contagiosas. No caso do Brasil, deve-se incluir a dengue, que vem causando muitas vítimas todos os anos.

Ainda para quem possui os cursos de Karuna, pode-se enviar Halu e Iava para cortar a conexão dos vírus com as pessoas de determinada região ou do planeta.

Cada reikiano deve seguir sua intuição para atuar. Lembre-se que a missão principal do reikiano é a de regeneração planetária e isso inclui a atuação em prol do restabelecimento da saúde dos corpos físico, etéreo, mental, emocional e espiritual de toda a população planetária.

Deve-se ter sempre em mente, entretanto, que o Reiki, assim como as demais terapias alternativas, atua em auxílio à medicina tradicional. Em caso de qualquer sintoma de doença contagiosa ou outras, o reikiano precisa orientar seu paciente a procurar, imediatamente, atendimento médico, ainda que continue a aplicação de Reiki em auxílio ao tratamento.

O corpo físico é muito denso. Quando surge alguma doença, a medicina tradicional é necessária. Por isso, o Reiki e as terapias holísticas precisam e devem atuar de forma preventiva, com a melhoria da defesa imunológica, e, ainda, em auxílio à medicina tradicional durante os tratamentos.

Depressão e síndrome do pânico

Segundo uma notícia da área médica, os tratamentos utilizados atualmente não estão solucionando a questão da depressão, apenas amenizando seus sintomas.

Quase sempre, a depressão e a síndrome do pânico são consequências de influências espirituais. Essas influências negativas do plano astral podem ser muito maléficas, ainda mais quando o espírito passa as suas tristezas para o encarnado.

A medicação utilizada para a depressão e a síndrome do pânico tem como objetivo elevar o nível vibracional através de elementos químicos, que fazem com que os ataques energéticos do plano astral não sejam sentidos por algum tempo. Contudo, passados os efeitos da droga, os ataques voltam a ser percebidos. Com o tempo, é preciso usar drogas cada vez mais pesadas para amenizar os efeitos dos ataques.

Não quero com esse comentário desestimular as pessoas a se tratarem com a medicina tradicional. Dependendo do grau da depressão, isso pode ser realmente necessário, além de contribuir para amenizar os efeitos dos ataques, seja qual for a gravidade do caso. O Reiki pode ajudar no tratamento, atuando nas causas, especialmente quando estas são de origem espiritual.

Inicialmente, deve-se aplicar, presencialmente ou a distância, por meio da técnica de redução, a energia do Reiki Usui (2ª e 3ª posições da cabeça; 1ª e 3ª posições da frente e 1ª, 2ª, 3ª posições das costas). Mas o ideal é a aplicação em todo o corpo.

Por se tratar de questões emocionais, o Zonar (Karuna) deve ser aplicado no chakra umbilical, pois sua energia atua na recuperação de todas as questões emocionais, além de atuar como analgésico emocional.

Considerando que a depressão, assim como a síndrome do pânico, quase sempre está relacionada a ataques de energias densas (espirituais), a origem do problema também precisa ser tratada. Sugiro a variante da cirurgia Kahuna que se aprende no curso de Reiki Usui 3-A e o envio do Halu e o do Iava (técnica de redução), para cortar a conexão de tais ataques com o paciente.

O campo magnético, que se aprende no curso de Karuna, também protege desses ataques. Ao fazer o campo magnético, visualize-o se expandindo e afastando para longe os seres que estão atacando energeticamente o paciente. É importante falar em voz alta, enquanto se faz a aplicação do Reiki, que não se quer mais a presença desses espíritos por perto.

Reafirmo, com veemência, que ninguém deve abandonar o tratamento da medicina tradicional ao iniciar o tratamento com o Reiki. É preciso seguir as orientações do médico, considerando que alguns medicamentos requerem reduções graduais na dosagem até serem definitivamente abandonados. Todo procedimento médico deve ser feito por profissional capacitado clínica e legalmente.

Elevação do nível vibracional dos ambientes

Devido aos ataques energéticos do plano astral e também as formas-pensamento negativas de encarnados, é muito importante elevar o nível vibracional dos ambientes que costumamos frequentar, seja residencial ou profissional.

Para isso, existem várias opções que podem ser utilizadas em conjunto ou separadamente.

Inicialmente, usando a técnica de redução (símbolo Usui), deve-se dizer, após traçar o Seiheki: "Esta energia segue para o lar de.... (nome da pessoa), localizado em .... com o objetivo de transmutar a energia e elevar o nível vibracional de todos os cômodos e de todos os moradores".

Os reikianos que possuem o Karuna devem enviar o Halu e o Harth (técnica de redução), com o mesmo objetivo, pois esses dois símbolos também atuam transmutando a energia e elevando o nível vibracional dos ambientes.

Também usando a técnica de redução, deve-se enviar o Halu e o Iava para cortar a conexão com as influências astrais negativas presentes no ambiente.

Ainda no sistema Usui, pode-se traçar o Chokurei sobre os cômodos, entoando o mantra três vezes e mentalizando a transmutação energética.

Quem tem o mestrado de Reiki Usui e Karuna, deve traçar o Daikoomyo Tibetano, que eleva o nível vibracional do ambiente, e utilizar também o símbolo Serpente de Fogo, entoando o mantra três vezes após traçá-lo. Esse fortíssimo símbolo afasta imediatamente seres do astral que estão fazendo mal ao encarnado. Esses seres sentem-se como se queimassem e, por isso, distanciam-se rapidamente.

Vale enfatizar que essas energias negativas presentes nos ambientes de trabalho ou no lar levam as pessoas a ficarem desanimadas e enredadas em sentimentos negativos. O Reiki oferece ferramentas importantíssimas para atuar concretamente, transmutando a energia e elevando o nível vibracional dos ambientes.

Quando se muda para uma nova residência, especialmente se ela já foi habitada antes, é preciso inicialmente afastar as energias densas e as energias de formas-pensamento deixadas por seus antigos moradores.

Deve-se usar o Chokurei, porque ele afasta energias e perigos, e o Rama do Karuna 1, que manda as energias densas para longe. Ambos devem ser aplicados em todos os cômodos (traçando-os bem grandes) e também em todos os cantos, local em que normalmente as energias negativas tendem a ficar. Quem tem o mestrado Usui, deve fazer o mesmo usando o símbolo Serpente de Fogo, que propicia o afastamento de energias densas, especialmente as oriundas de planos astrais inferiores, e o Daikoomyo Tibetano, que eleva intensamente o nível vibracional dos ambientes.

Depois dessa aplicação inicial, o reikiano também pode enviar o Reiki para a transmutação energética e a elevação do nível vibracional, usando a técnica de redução, visualizando cada cômodo entre as mãos. Deve aplicar os símbolos Usui e também o Halu e o Harth, pois todos atuam na transmutação energética e na elevação do nível vibracional.

Visando à proteção, à transmutação energética e à elevação do nível vibracional, é extremamente positivo que todas as noites, na hora de dormir, o reikiano trace sobre cada cômodo o Chokurei, o Rama, a Serpente de Fogo e o Daikoomyo Tibetano. Para tanto, ele deve mentalizar cada cômodo, sem precisar ir ao local, embora ele também possa ir até cada cômodo para traçar os símbolos.

Ele também deve traçar o Chokurei (mentalizando do seu quarto) em todas as portas e janelas, para que ocorra o devido selamento, a vedação contra perigos (físicos e espirituais). Isso também pode ser feito quando se sai de casa, deixando-a vazia.

Há necessidade, ao traçar cada símbolo com a mão dominante, de entoar o mantra três vezes. Para esses procedimentos, não há necessidade de se traçar os símbolos do Karuna tal como se faz tradicionalmente, ou seja, traçando em cada mão e depois no ar. Basta traçá-los no ar e entoar os mantras três vezes, pensando (no caso dos símbolos Usui e Karuna) na intenção: proteção, transmutação energética e elevação do nível vibracional, com a mentalização do local.

Outras opções podem surgir levando-se em conta a intuição dos reikianos. A utilização do Zonar (Karuna) no ambiente pode ser uma delas. O Zonar atua no emocional das pessoas. Considerando que as pessoas ficam mais calmas e se sentem melhor, acabam transmitindo energias positivas aos locais em que estão.

Fazendo todos os níveis (Usui e Karuna), os reikianos acabam por dispor de diversas ferramentas para atuar ainda mais qualitativamente com o Reiki.

Diabetes

O diabetes é uma doença que se caracteriza pelo aumento dos níveis normais de glicose ou de açúcar no sangue. A glicose é fonte primordial de energia do organismo. Contudo, o seu excesso pode trazer várias complicações à saúde.

Se o diabetes não for devidamente tratado, outras doenças poderão aparecer, tais como infarto, derrames, insuficiência renal, problemas de visão, entre outras.

O diabetes do tipo 2 é causado, principalmente, por um fator hereditário, mas também está relacionado ao sedentarismo e à obesidade, acometendo pessoas com esse perfil a partir dos 40 anos.

O diabetes do tipo 2 consiste no excesso de produção de insulina pelo pâncreas e na exaustão das células musculares e adiposas. Isso gera a incapacidade de absorção. Assim, as células passam a não conseguir metabolizar a glicose em quantidade suficiente na corrente sanguínea.

É certo que a pessoa precisa mudar seus hábitos alimentares e praticar atividade física para não vir a necessitar no futuro de aplicação de insulina.

Enfatizando a necessidade de manter o tratamento da medicina tradicional, sugiro a aplicação do Halu e do Harth no pâncreas (um para curar e o outro para preencher o local tratado com a energia de alta frequência para o problema não retornar), visando à normalização da produção de insulina.

Pode-se, ainda, utilizar o Harth (técnica de redução) para favorecer a mudança de hábitos (alimentares e de atividade física), como ensinado no curso de Karuna, pois a pessoa precisa ter uma alimentação sadia e praticar atividade física regularmente.

Deve-se, ainda, usar o Zonar para a cura celular, tanto do pâncreas, quanto das células musculares e adiposas envolvidas no processo.

Em todos os tratamentos, é importante incluir o pedido no caderno Karuna, pois, assim, a pessoa estará recebendo todos os símbolos de que necessita para o restabelecimento de sua saúde.

Além disso, deve-se associar ao tratamento os símbolos do sistema Usui, com uma aplicação completa ou nos locais sugeridos. Também deve-se utilizar a caixa de pedido ou o caderno de pedido Usui, no caso de se tratar de uma pessoa próxima do reikiano.

Alergias

O processo alérgico tem sempre ligação com algo externo, pois é uma reação ao ambiente ou a algum alimento.

Junto com o tratamento convencional, o reikiano poderá atuar fazendo as aplicações em todas as posições aprendidas no nível 1 Usui ou enviando energia diariamente por meio da técnica de redução, durante cinco minutos ou mais, se suas mãos estiverem muito quentes.

Para se evitar as alergias ou minimizá-las, o reikiano precisa fazer as aplicações para o estímulo imunológico, tal como já mencionado anteriormente.

Sucesso nos estudos ou no trabalho

Muitos são os pedidos e muitas são as preocupações dos pais com relação aos estudos dos filhos. Para estimular o sucesso nesse âmbito, sugiro a seguinte atuação com o Reiki.

O estudante em geral sofre muita pressão devido à quantidade de disciplinas e da competitividade. Isso leva a problemas emocionais. Por isso sugiro a utilização do Zonar (Karuna) para o chakra umbilical, pois essa energia do Reiki funcionará como um anestésico, desfazendo o sofrimento emocional em consequência de todo o desgaste nos estudos.

Para estimular a força de vontade, indico o símbolo Iava, pois esta energia do Karuna 2 fortalece o desejo interior de realizar as atividades com dedicação.

Para intensificar a aprendizagem, os símbolos Rama (Karuna 1) e Gnosa (Karuna 2) são ótimos, pois clareiam a mente.

Há ainda o Shanti, energia do Karuna 2, que faz o estudante ficar centrado nos seus compromissos estudantis, evitando que sinta medo, já que o medo, ligado à ansiedade em relação ao futuro, acaba atrapalhando o processo de aprendizagem.

Quem ainda não fez os cursos de Reiki Karuna, pode enviar o Seiheki, pois ele também afeta positivamente o estado emocional. No entanto, o melhor é enviar os três ou os quatro símbolos do Reiki Usui, visando ao equilíbrio emocional, à proteção em todos os sentidos e ao êxito nos estudos.

Ainda que as questões enfocadas visem aos estudantes, esses procedimentos podem ser realizados igualmente para favorecer as atividades profissionais e todas as questões em que seja preciso força de vontade e facilidade no aprendizado.

Questões financeiras

Caso se tenha dívidas a receber, é preciso focar as pessoas devedoras, que podem estar passando por problemas que as impeçam de cumprir os seus compromissos financeiros. Nesse caso convém colocar o pedido no caderno Usui e enviar também energia Usui, por meio da técnica de redução, para que essas pessoas possam ter condições de quitar suas dívidas.

No caso do Karuna, deve-se enviar energia Halu e Iava para cortar a conexão com energias negativas que estejam atrapalhando o recebimento dos valores devidos.

No Karuna 2, há uma energia muito boa para questões financeiras, o Kriya, pois sua influência causa nos devedores uma intensa motivação para saldarem suas dívidas.

O Kriya também favorece as questões materiais, levando a pessoa a se concentrar em tudo o que for preciso para ter sucesso nesse âmbito. Lembre-se de que o equilíbrio nas questões financeiras e materiais é muito importante. Afinal, vivemos no plano tridimensional, onde tudo é comprado e não plasmado, como acontece nos planos astrais.

Cirurgia clínica

O reikiano recebe muitos pedidos para que atue durante as cirurgias médicas realizadas em parentes ou amigos. Porém, há que se ter cautela nesse momento.

Não se deve enviar energia do Reiki para os médicos, nem para a equipe que trabalhará na intervenção cirúrgica. O Reiki causa relaxamento, e os médicos e toda a equipe precisam estar bem atentos durante a cirurgia.

Não se deve, igualmente, enviar Reiki para o paciente na hora da cirurgia. O corpo precisa sofrer os efeitos apenas da anestesia da medicina tradicional. Já houve um caso em que o paciente não pôde ser anestesiado, devido à combinação dos efeitos do Reiki com o anestésico, que acabou gerando um efeito adverso.

Entretanto, é importante enviar a energia do Reiki, por meio da técnica de redução, para a cirurgia (ou seja, a situação como um todo), visando ao êxito total. Assim, o Reiki atuará ajudando em todo o processo, sem afetar a equipe médica, que precisa estar bem atenta, nem o paciente, que precisa ficar sedado.

Como exemplo do intenso relaxamento que o Reiki produz, posso citar uma ocasião em que enviei Reiki previamente para todas as pessoas que participariam de uma reunião (e não para a situação, como seria aconselhável) e todos os envolvidos ficaram tão relaxados que mal puderam cumprir seus compromissos (abriam a boca a toda hora, sentindo muito sono). Ainda bem que não se tratava de uma cirurgia e não houve nenhum problema mais grave. Foi uma lição prática para mim e, por isso, sempre digo aos meus alunos que, dependendo da atividade do recebedor do Reiki (médico, motorista, etc.), convém enviar a energia para a situação e não para as pessoas.

Depois de terminada a cirurgia, com o paciente já desperto, pode-se enviar o Reiki para ele, para que se recupere rapidamente. Nesse caso, podem-se usar os símbolos Usui ou Karuna que forem mais adequados para o problema.

Desencarnes

O Reiki pode ser aplicado nas pessoas que estão prestes a desencarnar. O Rama e o Gnosa retardam o desencarne, e o Shanti abrevia o tempo de partida. Sugiro ter cautela nesses usos, pois nunca sabemos o tempo de cada um, e não vejo como podemos intervir adequadamente nesse momento de mutação dimensional.

O reikiano deve seguir sua intuição. Assim, poderá ajudar as pessoas próximas ao desencarne. Citei neste livro o depoimento de uma reikiana que atua com o Reiki ajudando idosos a fazerem a passagem para o outro plano de forma mais branda.

Após o desencarne, se enviarmos o Reiki para o espírito, ele irá receber, pois sabemos que é possível enviar essa energia para outra dimensão. Entretanto, sempre há uma preocupação, pois, mesmo que o reikiano faça a proteção dos chakras, é possível que ocorra uma contaminação energética, dependendo do local em que esteja o espírito na outra dimensão. Se o reikiano quiser muito enviar a energia para um ente querido ou outra pessoa desencarnada, deve fazer a devida proteção dos chakras e enviar a energia por meio da técnica de redução ou escrever o nome dessa pessoa num papel, pedindo que o espírito encontre o caminho para a luz. O papel deve ser colocado sob um cristal, que potencializa a energia do Reiki, tornando sua aplicação contínua por 72 horas. O reikiano deve aplicar o Reiki sobre a folha e o cristal durante cinco minutos a cada 72 horas, até que a intuição lhe diga que não é mais necessário.

O papel utilizado com o nome do falecido deve ser queimado depois de se encerrarem as aplicações de Reiki. O cristal poderá ser usado novamente, desde que seja purificado numa vasilha com água e sal grosso, na qual deve permanecer imerso por uma noite.

Para ajudar a família, os símbolos a serem utilizados são: Seiheki (Usui) e Zonar (Karuna) na técnica de redução; o Daikoomyo Usui, para atingir muitas pessoas ao mesmo tempo; e o Honshazeshonen para a abertura do portal tempo/espaço.

Drogas

O consumo de drogas afeta não só os corpos mental e emocional, como também compromete uma zona cerebral, conforme já foi detectado pela tomografia computadorizada. Os usuários, além da medicina tradicional, necessitam de várias ferramentas do Reiki, entre as quais o envio do Reiki Usui com a caixa de pedido e por meio da técnica de redução.

Quem tem o Karuna, deve usar o Gnosa para estimular a lucidez mental e dar à pessoa consciência de que ela necessita de ajuda. Convém utilizar também o Kriya e o Iava, para fortalecer a vontade do paciente de receber ajuda e levar adiante o tratamento médico.

Para a parte comprometida do cérebro, deve-se usar Halu e Harth (um atua na cura e o outro preenche o local com energia de alta frequência, para o problema não retornar).

Como o consumo de drogas atrai seres com energias densas, quer encarnados, quer desencarnados, usar o Halu e o Iava para cortar a conexão do paciente com essas pessoas ou espíritos. O Halu e o Iava também devem ser usados para cortar a conexão do paciente com a droga, diminuindo a vontade de consumi-la. Nesse caso, a energia deve ser enviada para a conexão da pessoa com a droga.

Deve-se também incluir o pedido no caderno Karuna de assuntos gerais. Quem tem o 3-A, deve usar a técnica de limpeza do corpo etéreo, a que penteia a aura, afastando as energias densas coladas no corpo sutil (etéreo).

Essas orientações também podem ser utilizadas para os vícios de bebida e cigarro.

Câncer e outras doenças densas

Tal como já vinha sendo defendido pela espiritualidade, a medicina constatou que as doenças mais densas do corpo físico, como o câncer, ainda que possam ter origem genética, só se manifestam diante de questões emocionais.

Por isso, a saúde emocional é muito importante. Além disso, os pensamentos precisam ser sempre os mais positivos possíveis, para evitar o surgimento de doenças graves.

Pensamentos e sentimentos negativos geram nódulos energéticos, que podem dar origem a todo tipo de doença, inclusive, o câncer. Com o Reiki atuando preventivamente, esses nódulos energéticos são dissolvidos, e evita-se o aparecimento de doenças no corpo físico.

Mas, o que fazer se não houver essa prevenção e as doenças surgirem? Em primeiro lugar, devem-se seguir plenamente as indicações médicas e, em conjunto com elas, lançar mão da ajuda energética do Reiki.

É importante enviar o Reiki para o local do corpo atingido pela doença. Usar o sistema Usui e também o Karuna, com os símbolos Zonar, Halu, Harth e Rama. No sistema Usui, usar três ou quatro símbolos, de acordo com o nível de cada um. Deve-se enviar energia para o corpo todo também.

Os símbolos Usui e Karuna devem ser usados por meio da técnica de redução. O caderno Usui, se o paciente for pessoa da família ou o caderno Karuna (geral) e a caixa de pedido (Usui) para as demais pessoas.

Para o equilíbrio emocional, usar o Zonar (Karuna) sobre o umbilical (também com a técnica de redução). O restabelecimento do equilíbrio emocional é fator importante na recuperação da saúde.

Os reikianos 3-A podem realizar também a cirurgia Kahuna, que é muito positiva nesse tipo de doença. Deve-se intercalar a cirurgia com os símbolos do Karuna, também muito eficazes para o tratamento. Num dia se faz a cirurgia Kahuna, no outro utilizam-se os símbolos Zonar, Halu, Harth e Rama.

Existe uma infinidade de maneiras de se utilizar os símbolos do Reiki, não sendo possível abordar todas elas em detalhes neste livro.

O certo é que o Reiki pode ser utilizado em todas as situações, desde que o reikiano esteja formado nos sistemas Usui e Karuna e, portanto, habilitado a utilizar as inúmeras ferramentas em prol dos objetivos pretendidos.

Com as sintonizações (Usui e Karuna), o reikiano tem ainda outra arma poderosa, sua intuição, que fica cada vez mais aflorada após as sintonizações. Ela irá orientar sabiamente o reikiano em todos os casos e dirá como atuar com o Reiki de forma mais apropriada.

Há de se observar ainda outra razão importantíssima para se tornar reikiano e praticar essa terapia alternativa e holística: com as sintonizações e a prática do Reiki, a vibração energética do reikiano gradualmente vai se elevando dos chakras inferiores para os chakras superiores. Com o padrão vibracional mais elevado, ele estará pronto para o novo padrão energético que irá se instalar breve no planeta Terra, com o advento da nova era.

6. O Reiki e as pesquisas científicas

Existe um número cada vez maior de pesquisas científicas comprovando os efeitos positivos do Reiki.

Os reikianos conhecem seus efeitos positivos, assim como aqueles que são tratados por essa energia divina. Entretanto, são ainda poucos os estudos sérios, científicos, sobre os resultados obtidos com o Reiki.

No capítulo "Publicações científicas" do livro *O Reiki e a Medicina Tradicional*, dos autores Oliver Klatt e Norbert Lindner (publicado em 2009 pela Editora Pensamento), vemos que algumas pesquisas estão sendo realizadas. No entanto, acredito que não se tenha encontrado ainda a maneira ideal de se coletar dados, visto que não se pode utilizar métodos científicos próprios do corpo físico para mensurar os resultados do Reiki, que atua também nos corpos sutis.

Parece que essa também é a visão dos que estão procurando os caminhos para uma pesquisa séria. Assim, cito um trecho sobre a situação das pesquisas do Reiki, extraído do livro citado.

> No que se refere à atual pesquisa do Reiki, podemos constatar (...) que ela ainda está engatinhando. De acordo com a visão geral da pesquisa do dr. Moritz Harder, médico e psiquiatra (...) trata-se de uma primeira arrancada para a padronização e reunião de resultado de diferentes estudos sobre o Reiki. No momento, trata-se sobretudo de descobrir se o Reiki nos estudos controlados se mostra eficaz.

É importante destacar que as informações são oriundas de uma tese de doutorado sobre o Reiki, presencial e a distância, do dr. Moritz Harder, que se valeu de estudos publicados e considerados cientificamente aceitáveis. A conclusão do autor é muito interessante.

> Dos sete estudos utilizados pelo Dr. Harder, seis foram significativos (86%). Segundo a resenha de Miles e True (2003), foi uma fatia de 71%. Esses são percentuais dignos de nota, que superam levemente a porcentagem da tendência das costumeiras cotas de pesquisas de cura espiritual.

Quando o autor da tese se refere a todos os estudos encontrados por ele, não somente aqueles sete estudos mais qualitativos, os resultados ainda assim não deixam de ser promissores. Harder nos mostra que, se analisarmos todos os dezesseis estudos publicados sobre o Reiki, 69%

deles mostram resultados positivos significativos, contra os 86% entre os sete de qualidade aceitável.

Harder também se refere às pesquisas sobre o Reiki a distância. E os resultados, segundo ele, são ainda mais expressivos.

> Dos seis estudos publicados encontrados sobre o Reiki a distância, cinco (83%) indicam resultados significativos. Se analisarmos somente os quatro qualitativamente aceitáveis, respectivamente os dois melhores sobre o Reiki a distância, então em ambos são até mesmo 100%. Os estudos sobre o Reiki a distância, com isso, não ficam atrás dos estudos de Reiki-I, mas indicam resultados comparáveis, se não melhores.

Moritz Harder conclui, então, que "a posição da pesquisa até agora dá indicações da eficácia do Reiki, tanto no tratamento direto como no tratamento a distância".

Sobre as diversas experiências apresentadas no livro de Harder, vale citar a realizada por Wetzel (1989), na qual ele comprovou que todos os 48 participantes da iniciação do nível 1 (Usui) apresentaram elevação significativa dos valores medidos no sangue (exame feito antes e depois da sintonização), enquanto um grupo de pessoas não sintonizadas não apresentou nenhuma alteração sanguínea conforme demonstraram os exames realizados na mesma época. O resultado positivo da experiência foi de 100%, comprovando os efeitos da sintonização no sangue.

Sabemos que os efeitos das sintonizações de Reiki são inúmeros, ocorrendo nos corpos físico, etéreo, mental, emocional e espiritual, (inclusive acontecendo curas), com muitos efeitos percebidos pelos sintonizados.

Nas experiências dos meus alunos, relatadas no primeiro capítulo deste livro, ocorridas nas sintonizações realizadas por mim a distância, pode-se comprovar que os novos reikianos têm vivido situações especialíssimas, que marcam para sempre esses momentos de grande emoção.

Mesmo para quem não vivencia aparentemente nenhuma experiência especial nas sintonizações de Reiki, o momento é singular, pois se dá abertura de chakra, permitindo a imediata captação da energia divina, o que torna o iniciado um novo reikiano.

Encerrada a sintonização, algumas horas ou poucos dias depois, das mãos do reikiano passa a fluir energia do Reiki, com elevação de temperatura e, em alguns casos, formigamentos, seja a aplicação presencial ou a distância (a partir do nível 2 Usui). Muitos já sentem o Reiki sair das mãos durante as sintonizações.

Voltando ao livro *O Reiki e a Medicina Tradicional*, os autores tratam ainda da interação que está acontecendo em vários países entre médicos e reikianos, que têm trabalhado juntos com ótimos resultados.

Um fruto dessa interação foi a experiência realizada no hospital regional de Portsmouth (Columbia, Estados Unidos), onde se oferece Reiki (por quinze minutos) antes e após as cirurgias: 872 pacientes, em experiência realizada no ano de 1998, receberam o Reiki, tendo sido constatada a redução de analgésico após as cirurgias, comparando-se com os pacientes que não receberam a energia do Reiki.

Num programa de televisão do Discovery Channel, exibido em abril de 2009, sobre o médium João de Deus, um físico quântico comentou que recentes experiências em laboratório comprovaram o efeito do Reiki sobre as bactérias. As aplicações fizeram com que as bactérias regredissem. Também foram apresentados no programa estudos sobre o envio à distância e sua eficiência. Como os reikianos aprendem nos cursos de Reiki, tudo é energia, tudo está interligado energeticamente, daí ser absolutamente natural o envio do Reiki a distância.

Nós, reikianos, sabemos o quanto o Reiki funciona, seja com a aplicação presencial, seja com o envio a distância, mas é ótimo que pesquisas sérias sejam realizadas, comprovando os efeitos benéficos inegáveis da energia do Reiki.

A revista *Galileu* publicou, em 2010, uma reportagem sobre as experiências científicas do Reiki realizadas em laboratório. A matéria trata dos estudos realizados pelo psicobiólogo Ricardo Monezi, doutorando da Universidade Federal do Estado de São Paulo. O pesquisador realizou estudos científicos com aplicações de Reiki em camundongos. A terapia com o Reiki foi a escolhida por não ter qualquer conotação religiosa. A utilização de cobaias visava a se evitar possível influência psicológica ou da fé no processo de cura, o que poderia acontecer se os experimentos fossem realizados em seres humanos. Veja como foram feitos os experimentos.

> A equipe de pesquisadores dividiu sessenta camundongos com tumores em três grupos. O grupo "controle" não recebeu nenhum tipo de tratamento; o grupo "controle-luva" recebeu imposição com um par de luvas preso a cabos de madeira; e o grupo "im-

> postação" teve o tratamento tradicional sempre pelas mãos da mesma pessoa.
>
> Depois de sacrificados, os animais foram avaliados quanto à sua resposta imunológica, ou seja, a capacidade do organismo de destruir tumores. Os resultados mostraram que, nos animais do grupo "impostação", os glóbulos brancos e células imunológicas tinham dobrado sua capacidade de reconhecer e destruir as células cancerígenas. Não aconteceram diferenças significativas nos grupos que não receberam o Reiki.

A equipe de pesquisadores de Monezi também está realizando pesquisas em seres humanos. Os primeiros testados, dezesseis pessoas, apresentaram, após receber aplicações de Reiki, considerável melhora na qualidade de vida e diminuição dos sintomas de ansiedade e depressão.

Os estudos sobre o Reiki estão saindo do âmbito das universidades orientais. Atualmente, existem pesquisadores americanos, europeus e até brasileiros, como é o caso Monezi, realizando trabalhos sérios sobre a eficácia do Reiki. É bom destacar que a Organização Mundial da Saúde criou recentemente uma nomenclatura para as terapias conhecidas como alternativas, denominando-as de terapias integrativas, certamente pelo caráter holístico delas; entre estas se encontra o Reiki.

Com o crescimento e a expansão do Reiki no planeta, brevemente muitas outras experiências científicas, com parâmetros adequados às terapias alternativas, serão realizadas, e se comprovará certamente, o que nós, reikianos, já sabemos e vivemos no dia a dia: a qualidade dos efeitos positivos do Reiki é extraordinária.

7. Perguntas e respostas sobre o Reiki

Pela amplitude e possibilidades do Reiki, o reikiano tem muito ainda a aprender sobre essa magnífica energia.

Como definir sucintamente o Reiki?
O Reiki é uma terapia alternativa, holística, de cunho energético, que atua no desbloqueio de nódulos energéticos dos corpos físico, etéreo, mental, emocional e espiritual, restabelecendo o fluxo energético e consequentemente a saúde.

Como nos tornamos reikianos?
Para se tornar reikiano, é necessário ser sintonizado. A sintonização faz com que, entre outros aspectos, aconteça a desobstrução do chakra coronário, que permite a captação da energia cósmica (Rei). Essa energia passa a circular pelos dutos energéticos, misturando-se à energia pessoal (Ki). A energia, então, denominada Reiki, passa a

fluir das mãos do reikiano sempre que ele as impõe, seja de forma presencial ou a distância.

Um autodidata pode se tornar reikiano?
Não, a pessoa pode ter conhecimento sobre o Reiki, mas a energia que fluirá de suas mãos não será a energia do Reiki, mas apenas a sua energia Ki, pessoal. Só se torna reikiano quem for sintonizado por um mestre de Reiki devidamente habilitado. Sem a iniciação correta do Reiki, a pessoa estará usando a sua própria energia pessoal.

O Reiki pode ser enviado a distância? Como isso é possível?
Sim, o Reiki pode ser enviado a distância. Sabemos que tudo o que existe tem energia e todos os seres estão interligados energeticamente. Assim já defendia o cientista Albert Einstein.

Desse modo, o Reiki pode chegar ao destino pretendido, mas, para tanto, é necessária a utilização do símbolo que permite a abertura do portal tempo/espaço, o Honshazeshonen, recebido pelo reikiano no segundo nível do Reiki Usui.

As iniciações do Reiki precisam ser feitas de modo presencial?
Considerando que uma das características do Reiki é a possibilidade de ser enviado a distância, seria um contrassenso dizer que a iniciação (sintonização) só pode ser realizada de modo presencial.

Tenho feito centenas de sintonizações a distância, com belíssimas experiências por parte dos alunos, todas com pleno sucesso. Os alunos sintonizados a distância, sem exceção, se tornam reikianos.

Já recebi muitos depoimentos de meus alunos contando os êxitos que estão obtendo com o Reiki. Eu incluí vários desses depoimentos no segundo capítulo deste livro. Posso garantir que as sintonizações a distância são tão eficientes quanto às sintonizações presenciais.

Qual o objetivo de se enviar o Reiki ao passado?

Com o uso do símbolo que permite a abertura do portal tempo/espaço, é possível o envio do Reiki para o passado, tanto para esta vida, quanto para vidas anteriores.

Desse modo, pode-se enviar a energia para as causas de traumas ou sofrimentos que repercutem na vida atual, mesmo quando não se sabe exatamente quando o trauma ocorreu.

Com a cura das causas no passado, são neutralizados os sintomas vividos pela pessoa no presente, tais como medo, insegurança, bloqueios psicológicos etc.

Qual a finalidade do envio de Reiki ao futuro?

É possível definir o dia e a hora em que a energia do Reiki irá atuar em situações futuras, como reuniões, encontros, entrevistas, viagens etc., para obter sucesso e proteção.

Com a programação tempo/lugar, a energia atuará no exato instante e pelo tempo programado anteriormente. Isso é muito importante para todas as atividades, sejam profissionais, estudantis ou pessoais.

Com essa utilização, o Reiki ajudará a influenciar positivamente as atividades futuras.

Os resultados do Reiki podem ser científicos?
A ciência tal como é conhecida atualmente, é da linha cartesiana; portanto, as comprovações científicas precisam seguir parâmetros preestabelecidos. No entanto, começam a ser realizadas pesquisas e experiências sérias sobre o Reiki em laboratórios da física quântica, nas quais já foi comprovado, por exemplo, que as bactérias regridem após a aplicação de Reiki.

Estudos e pesquisas comprovam os resultados positivos do Reiki, quer presencial, quer a distância. Tratei do tema no capítulo "O Reiki e as Pesquisas Científicas".

Como é feita a iniciação de Reiki?
Os alunos são iniciados no Reiki pelo processo de sintonização feito por um mestre de Reiki. O processo pode ser feito de forma presencial ou a distância. Nesse processo de sintonização (um para cada nível do Reiki), entre outras questões, ocorre o desbloqueio dos chakras, especialmente o coronário, que permite a captação da energia cósmica; a elevação do nível de gravidade (quando o reikiano passa a ficar mais centrado energeticamente nos chakras superiores); e o conhecimento dos símbolos correspondentes a cada nível, para que os iniciados possam utilizá-los com êxito.

As experiências nas iniciações são sentidas por todos?
Alguns iniciados no Reiki não vivenciam experiências durante as sintonizações. Isso depende do nível de relaxamento e de algumas capacidades inatas. Mesmo sem tais experiências, a sintonização ocorre com a mesma qualidade e todos se tornam excelentes reikianos.

Muitos iniciados conseguem viver experiências durante as sintonizações. Muitos têm sido os depoimentos dos meus alunos sobre essas experiências.

A aplicação do Reiki desgasta o reikiano?
Diferentemente do que acontece com as pessoas que utilizam unicamente a sua energia pessoal (energia Ki) em trabalhos de cura, gerando natural desgaste energético, o reikiano, por estar utilizando a fonte cósmica somada à sua energia pessoal, não sente cansaço algum ao aplicar o Reiki.

Ao aplicar Reiki, parte da energia recebida do cosmo fica com o próprio reikiano, deixando-o mais energizado após a aplicação, seja presencial ou a distância.

O Reiki atua também para a proteção?
O Reiki (Usui e Karuna) apresenta ferramentas importantes para a proteção contra perigos diários, físicos ou espirituais. A inserção das pessoas nos campos magnéticos do Reiki evita ataques espirituais e perigos terrenos.

A proteção do Reiki pode ser utilizada não somente para pessoas, mas também para objetos e situações, como casa, apartamento, carro, viagens etc.

No caso específico de ataques espirituais, a que todos nós estamos sujeitos diariamente, além do campo magnético, outras ferramentas importantes (do Reiki Karuna) fazem com que seja possível cortar a conexão com esses ataques.

Por que se diz que o reikiano fica mais intuitivo?
A intuição se amplia a cada nova sintonização nos vários

níveis. A gravidade é elevada aos chakras superiores e estes são desbloqueados, especialmente o frontal.

Com o tempo, em virtude da enorme modificação que acontece internamente, o reikiano muda a sua vida radicalmente, passando a dar valor a situações que antes não julgava importantes; passa também a rejeitar aquilo que não é saudável para a sua existência.

O Reiki permite fazer regressão e viagens astrais?
Sim, no nível 3-A, ensino aos alunos técnicas de regressão de memória e viagem astral.

A técnica de regressão de memória é importante quando é necessário descobrir a causa dos problemas, que pode estar no passado desta ou de outras existências. O Reiki, vale dizer, também pode atuar no passado sem a necessidade de se fazer regressão de memória.

Por que se diz que o Reiki age profundamente?
O Reiki age profundamente porque a energia atua em todos os corpos, desde o físico até os mais sutis: etéreo, mental, emocional e espiritual.

Desse modo, o Reiki age não somente nos sintomas físicos, mas, prioritariamente, na causa dos problemas.

Como foi provado pela fotografia Kirlian, as doenças do corpo físico aparecem primeiramente no corpo etéreo. Assim, atuar nesse corpo é fundamental para a cura profunda e para se evitarem novas doenças no corpo físico. É assim que age o Reiki.

Qual é o papel do Reiki nos relacionamentos?
O Reiki tem uma finalidade muito especial, nos relacio-

namentos, pois ele os torna mais positivos, desfazendo arestas e resolvendo atritos.

Caso tenha chegado a hora de um determinado relacionamento terminar, (por razões espirituais ou kármicas), o Reiki promove a separação sem maiores danos, fazendo com que os envolvidos saiam do relacionamento sem grandes sofrimentos.

O Reiki pode ser usado em todas as situações?

Sim, desde que haja ética. Além do que já foi dito anteriormente, o Reiki pode ser usado para: curar profundamente, no nível celular, inclusive doenças densas (em auxílio à medicina tradicional); curar vícios; estimular bons hábitos; eliminar medos; gerar determinação, em todos os sentidos, para se alcançarem metas terrenas; ajudar nos progressos profissionais, financeiros e espirituais; permitir a libertação de influência psíquica negativa de outras pessoas; estimular novas aprendizagens; eliminar o bloqueio de se falar em público; melhorar a comunicação escrita e oral; libertar a pessoa do passado e do futuro, centrando-a no presente; curar insônia; estimular bons sonhos; desenvolver a paranormalidade; clarear a mente, ajudando na realização de provas e concursos; e muito mais.

O que seria o mais importante ao se tornar reikiano?

Quando uma pessoa se torna reikiana, tudo o que o Reiki permite realizar é importante. Mas talvez o mais extraordinário seja o fato de que sua intuição passa por um desenvolvimento intuitivo e ela acaba mudando seus hábitos, tornando-os mais positivos.

A pessoa se eleva espiritualmente, pois melhora sua frequência energética ao interagir amorosamente com as pessoas, os animais e a natureza; passa a vibrar de acordo com o planeta, que caminha rapidamente para um novo tempo energético, o da nova era.

Qual é o poder do Reiki?

Depois da leitura deste livro, o amigo leitor provavelmente chegou à mesma conclusão que eu acerca do Reiki.

O poder do Reiki é imenso, pois é o poder divino disponível para as pessoas na Terra. Ainda que o Reiki seja em parte formado pela energia pessoal do reikiano, a energia *Ki*, (que também tem a sua força divina, porque fomos criados à imagem e semelhança de Deus), a outra parcela da energia do Reiki é oriunda dos planos astrais cósmicos mais elevados, a energia *Rei*, divina.

Assim, podemos, juntos, concluir que a energia do Reiki é fantástica, extremamente poderosa, exatamente, por ser divina.

Faça um bem a si e às outras pessoas: seja reikiano e pratique com o Reiki, tornando-se um regenerador planetário.

Se você deseja saber mais sobre os cursos de Reiki ministrados pelo autor, consulte o site www.moacirsader.com/cursorei.htm para obter informações sobre todos os níveis dos cursos de Reiki Usui e Karuna.